"十四五"普通高等教育本科部委级规划教材

创新管理理论与实践

王 林 著

中国纺织出版社有限公司

图书在版编目（CIP）数据

创新管理理论与实践 / 王林著 . -- 北京：中国纺织出版社有限公司，2023.9（2025.5 重印）
ISBN 978-7-5229-0969-1

Ⅰ.①创… Ⅱ.①王… Ⅲ.①企业创新—企业管理—研究 Ⅳ.①F273.1

中国国家版本馆CIP数据核字（2023）第 165961 号

责任编辑：顾文卓　向连英　　特约编辑：王晓敏
责任校对：王蕙莹　　　　　　责任印制：储志伟

中国纺织出版社有限公司出版发行
地址：北京市朝阳区百子湾东里A407号楼　邮政编码：100124
销售电话：010—67004422　传真：010—87155801
http://www.c-textilep.com
中国纺织出版社天猫旗舰店
官方微博http://weibo.com/2119887771
三河市海新印务有限公司印刷　各地新华书店经销
2023年9月第1版　2025年5月第2次印刷
开本：787×1092　1/16　印张：9.75
字数：218千字　定价：56.00元

凡购本书，如有缺页、倒页、脱页，由本社图书营销中心调换

前言
PREFACE

  党的二十大报告指出："创新才能把握时代、引领时代"。创新是企业生存发展和参与市场竞争的决定性因素，是推动社会经济发展的重要手段，更是一个国家兴旺发达的不竭动力。党和政府把"创新"摆在国家发展全局的核心位置，高度重视科技创新，围绕实施创新驱动发展战略、加快推进以科技创新为核心的全面创新，提出一系列新思想、新论断和新要求。为贯彻国家创新战略，回应国内外发展的新要求和新挑战，亟须对创新管理理论体系做进一步的优化和完善，亟须培育一批理解和掌握创新管理理论与方法的人才。把握发展的时与势，无论是有效应对前进道路上的重大挑战，还是提高发展的安全性，都需要把发展基点放在创新上。只有坚持创新是第一动力，才能推动我国实现高质量发展。

  本书构建了章节之间依次递进、有机衔接、科学合理的知识体系，注重逻辑性与系统性相结合，采取理论阐释匹配案例的方式，注重理论和实践相结合，以成熟、定型的创新知识为主，注重融入新思想和新要求，有效地确保了内容的完整性、可读性、规范性和针对性。

  本书共分为6章，较为系统地介绍了创新与创新管理、创新思维、创新的来源与实践、创新方法、创新能力及人才培养、技术创新风险管理方面的内容，力求为大学生全面提高自身的创新意识提供指引。

  本书在编写过程中借鉴了许多文献资料，在此向有关文献的作者致以最诚挚的谢意！此外，由于编写人员水平有限，书中难免存在疏漏之处，敬请广大读者批评指正，以便进一步修正完善。

王林

目 录
CONTENTS

第1章 创新与创新管理 ·· 1
 1.1 创新的内涵 ··· 2
 1.2 创新精神与创新能力 ·· 14
 1.3 创新的意义 ··· 20
 1.4 创新管理概述 ·· 25

第2章 创新思维 ·· 33
 2.1 创新思维的相关概念 ·· 34
 2.2 创新思维的形式 ··· 39

第3章 创新的来源与实践 ··· 61
 3.1 创新的来源 ··· 62
 3.2 企业创新实践 ·· 68

第4章 创新方法 ·· 77
 4.1 创新方法概述 ·· 78
 4.2 创新方法 ·· 79

第5章 创新能力及人才培养 ·· 109
 5.1 创新能力培养 ·· 110
 5.2 创新组织管理 ·· 113

第6章 技术创新风险管理 ·········· 123

6.1 技术创新风险管理 ·········· 124
6.2 技术创新项目风险管理 ·········· 127
6.3 技术创新项目风险管理模型构建 ·········· 135

参考文献 ·········· 148

第 1 章

创新与创新管理

学习目标

- 了解创新的定义、本质及类型。
- 掌握创新精神与创新能力的概念与形成因素。
- 了解创新对个人、社会及国家的意义。

思政目标

- 培养学生正确的人生态度和价值观,使其形成坚定的理想信念和责任意识。

1.1 创新的内涵

1.1.1 创新的定义、本质及类型

1. 创新的定义

"创新"是由美国经济学家约瑟夫·熊彼特于 1912 年率先提出的。他认为,经济发展不是基于人口、财富的积累而扩大规模的,而是由于经济社会不断实现的生产要素和生产条件的"新组合",这些新组合就是"创新"。随着科学技术的突飞猛进和人类创新意识及创新能力的提高,创新的范围已大大超出了熊彼特定义的范畴,创新不再只是经济现象,而是已经渗透到了政治、军事、科技、文化和社会生活等各个领域。关于创新的几个定义见表 1-1。

表 1-1 创新的定义

定义来源	定义
《现代汉语词典》(第 7 版)	抛开旧的,创造新的
《新加坡国家创新计划》	创新是指将工作中的创意用新方法透过新产品、新流程、新服务、新事业来创造价值的过程
约瑟夫·熊彼特	创新是指将已发明的事物发展为社会可以接受并具商业价值的活动
吴思华	创新可以是新产品、新服务、新的材料、新的流程,创新基本的表征有:新颖、价值、贴心、令人惊奇
贝蒂塔·范·斯塔姆	真正的创新包括三个核心要素,即技术上的创新力,产品规划上的创新力及市场营销方面的创新力
《奥斯陆手册》	实现新的或重大改进的产品(商品或服务)、工艺、新的营销方式,或在经营策略、工作场所组织或外部关系中的新的组织方式等。分为产品创新、工艺创新、营销创新和组织创新
易杰雄	创新指人们在实践中通过研究发现关于自然、社会和人本身及它们之间的相互作用的新过程、新本质和新的规律,以及运用这种新的认识发明了新的技术,首创了新的实践方法,创新出新的事务与过程,既是就其过程更是就其最终成果而言的

2. 创新的本质

(1)创新是一种能力。国内学者对创新能力的理解基本上可以分为三种:第一种观点认为创新能力是个体运用一切已知信息,包括已有的知识和经验等,产生某种独特、新颖、有社会或个人价值的产品的能力。它包括创新意识、创新思维和创新技能三部分,其核心是创新思维。第二种观点认为创新能力表现为两个相互关联的部分,一部分是对已有知识的获取、

改组和运用，另一部分是对新思想、新技术、新产品的研究与发明。第三种观点从创新能力应具备的知识结构着手，认为创新能力应具备的知识结构包括基础知识、专业知识、工具性知识或方法论知识及综合性知识四类。

（2）创新是一种人格特征。创新人格是指有利于创新活动顺利开展的个性品质，它具有高度的自觉性和独立性，是一个人的品质与德行特征。创新作为一种人格特征，具体表现为开放性、好奇心、挑战性和自信心，不满足已有结论，不相信唯一正确解释，不迷信权威，不屈服于任何外在压力而放弃自己的主张。创新人格是创新主体进行创新活动的心智基础和能力基础。

（3）创新是一种精神。创新精神是指要具有能够综合运用已有的知识、信息、技能和方法，提出新方法、新观点的思维能力，进行发明创造和改革革新的意志、信心、勇气和智慧。创新精神是一种勇于抛弃旧思想、旧事物而创立新思想、新事物的精神。例如，不满足已有认识（掌握的事实、建立的理论、总结的方法），不断追求新知。不满足现有的生活、生产方式、方法、工具、物品，根据实际需要或新的情况，不断进行革新。不墨守成规，敢于打破原有规则，探索新的规律、新的方法。不迷信书本、权威，敢于根据事实和自己的思考，对书本和权威提出质疑。创新是一个国家和民族发展的不竭动力，也是一个现代人应该具备的素质。

3. 创新的类型

（1）产品创新、工艺创新、营销创新及组织创新。产品创新是指性能和特征上全新的或有显著改进的产品（商品和服务），包括全新的产品和性能显著改进的产品两类。例如，2022年华为Mate 50系列凭借北斗卫星消息硬件能力，成为世界首款支持北斗卫星消息的大众智能手机。

工艺创新是指全新的或有显著改进的生产方式和传输方式等，包括技术、装备和软件上的显著改进。例如，1953年日本丰田公司开创的JIT（Just-In-Time）实时生产系统，即在需要的时候，可按需要的量生产需要的产品。该系统提供了一种满足由大众化向个性化转型的市场需求的生产方式，从根本上改变了企业普遍存在的因生产过剩引起的设备、人员、库存等一系列浪费现象。这一生产方式被视为当今制造业中最具生命力的新型生产方式。

营销创新是指采用新的营销方式，在营销理念、产品设计或包装、分销渠道、促销方式等方面有显著改进的创新。例如，随着经济发展，社会消费需求从短缺经济时代的"求同"向追求"个性化"转变，营销的目标不再是令所有人满意，而是让目标客户（小众）群体得到极大的满足，企业对客户不再是"一视同仁"，而是差别化满足。

组织创新是指企业的运营策略、工作场所或外部联系的组织方式产生变革的创新。例如，信息时代新的组织形式——虚拟团队，在虚拟的工作环境下，分散在不同地方的人们可以密切配合、共同工作。美国Inno Centive公司就是全球第一家利用互联网技术搭建起的借用全球智慧解决企业难题的平台，它把全球的科学家和有难题的企业家连结起来，而这些科学家和企业家都是流动的成员。

（2）技术创新与非技术创新。技术创新也被称为技术革新，是将发明转化为应用的实践活动，或者说是将发明中的新思想和新原理创造性地运用于生产经营活动中。对技术创新活动的描述可分为两个方面：一是创新的性质，二是创新的内容。按照创新性质的不同，技术创新可分为渐进性创新和根本性创新；按照创新内容的不同，技术创新可分为产品创新和工艺创新，这种创新的分类方式在制造业技术创新研究中起到了非常重要的作用。

与技术创新相比，非技术创新比较缺乏范式，包括的内容也比较宽泛。可以说，在生产经营活动中，技术创新之外的创新活动都可以视为非技术创新。有关非技术创新的内容，研究者们论及的有商业模式创新、价值创新、管理创新、组织创新、文化创新、体制创新、制度创新、服务创新、流程创新、供应链创新、渠道创新等诸多方面。

（3）原始创新与模仿创新。原始创新是基于前所未有的重大科学发现、技术发明、原理性技术等出现，在产业界所发生的技术创新。原始创新意味着在研究开发方面，特别是在基础研究和高技术研究领域取得独有的发现或发明，并取得了商业化的成功。原始创新是最为根本的创新，是最能体现智慧的创新，是对人类文明进步作出领先贡献的最为重要的体现形式。原始创新一般有三大特点：一是首创性，前所未有、与众不同；二是突破性，在原理、技术、方法等某个或多个方面实现了重大变革；三是带动性，在对科技自身发展产生重大牵引作用的同时，在宏观层面上有可能引发一国经济结构和产业形态的重大变革，导致社会财富的增长、竞技格局的变化；在微观层面上则可能引发企业竞争地位的提升。例如，美国在知识含量高的诸多领域（如生物工程、生物制药、微电子器件、新兴信息技术、新型武器装备等领域）有大量原始创新，无疑是其诸多产业具有领先国际竞争力的重要源泉。比尔·盖茨的微软公司在软件技术领域有诸多原始创新，故其成了软件行业当之无愧的霸主。北京汉王科技公司在汉字识别技术领域有很多原始创新，因而在中国汉字识别领域成为领先的国家级创新型企业。

一个国家或企业要想有更多的自主创新，至少应具备以下条件：一是要有足够的基础研究成果积累和产业技术积累，这类积累要超越一定的数量；二是要有足够高的研发经费投入，研发经费投入应占GDP或企业营收的一定比例；三是要建立一套有效的激励自主创新的制度机制和社交文化氛围；四是要通过法制化的制度来保护自主创新实现者的利益。现在我国实施了自主创新战略，将自主创新分为原始创新、消化吸收再创新、集成创新，并为此出台了一系列政策和法律法规，以激励自主创新。

模仿创新多数情况下是在已有创新成果基础上的模仿，甚至是在他人已有成果上所做的改进。模仿创新也是一种学习过程，是创新能力不断积累和提高的过程，有助于提高创新的起点和水平。例如，日本之所以在20世纪用40年时间发展成为经济发达国家，就是他们在发达国家已有技术的基础上，结合市场需求和本国实际再创造，是模仿创新赶超先进国家的范例。模仿创新至少有两种方式：一种是完全模仿，即对市场上现有的技术仿制。一项新技术从诞生到创新产品投放市场后达到市场饱和还需要一段时间，还存在一定的市场空间，这就使得模仿有利可图，故不少企业的创新是从模仿开始的。另一种是模仿后再创新，即在学习他人技术后，通过创新而超过他人。此类情况要求模仿者首先掌握被模仿产品的技术诀窍，再进行产品功能、外观和性能等方面的改进，使产品更具市场竞争力。模仿创新的优势在于可节约大量研发及市场培育费用，规避新产品市场成长初期的不稳定性，降低市场开发的风险。但模仿创新者难免在技术上受制于人，因为模仿者是新技术的跟随者，有可能遇到技术领先者的技术壁垒和市场壁垒及法律制度方面的障碍，而且新技术也并不总是能够轻易模仿的。各界知识产权保护意识在不断增强，专利制度在不断完善，要获得效果显著的新技术也是不容易的。

模仿创新是发展中国家进行技术积累、加快技术进步的重要途径之一，它有三个特点：一是技术的跟随性。模仿创新者不是新技术的开拓者和率先使用者，而是有价值的新技术的追随学习者和改进者。二是市场上的跟随式开拓性。模仿创新者不必独自去开辟全新的市场，却可以充分利用率先者所开辟的市场。但要使模仿创新的成果取得更大的市场效果，模仿创新者就需要对他人所开发的市场空间进行进一步的拓展。三是"看中学"的积累性。率先创新者的技术积累主要依赖于自我探索，大部分相关知识和专业技能都是企业在"干中学"的结果。而模仿创新者的技术积累，开始主要是通过"看中学"，即观察、选择、模仿率先创新者，从他们的成功经验和失败教训中学习，在模仿中吸取大量知识，进而提高自身的创新技能。

（4）封闭式创新与开放式创新。封闭式创新是指企业自己掌控从创意到新产品上市的全过程的一体化创新。在20世纪的绝大多数时间内，企业基于"成功的创新需要控制"的理念，认为创新活动应该严格地控制在企业内部，内部研发是公司非常有价值的战略资产，企业通过建立自己的实验室或研发中心，在企业内部进行研发、生产、销售，并进一步提供售后服务和财务金融支持，以此获得产品在市场上的垄断地位，从而得到超额的边际利润。该创新模式被哈佛商学院的亨利·切萨布鲁夫称为封闭式创新。该模式的特点是研发创意、产品开发设计、产品生产与市场化、售后服务等都在企业自身系统中完成，这种范式被许多大型企业成功验证。

然而，进入21世纪，全球创新形势发生了很大的变化，这使得原来成功运行的封闭式创新模式遭遇新的挑战，逐渐由封闭式创新转向开放式创新。

开放式创新是指将企业传统封闭式的创新模式开放，引入外部的创新能力。在开放式创新中，企业在期望发展技术和创新产品时，能够也像使用内部研究能力一样借用外部的研究能力，能够使用自身渠道和外部渠道共同拓展市场。开放式创新的运行模式有产学研合作、企业技术联盟、技术并购、技术购买与技术外包、技术转让、内部技术成果外部开发模式等。

1.1.2 创新的特点及性质

1. 创新的特点

创新是人类特有的活动，是在意识支配下进行的创造性活动。

创新是有规律的实践活动。它以扎实的专业知识为基础，以艰苦卓绝的精神劳动为途径，以敏锐的观察力、丰富的想象力、深刻的洞察力为导向，反映符合事物发展要求的基本规律。

创新是突破性的实践活动。它不是一般的重复劳动，更不是对原有内容的简单修补，而必须是突破性的发展、根本性的变革、综合性的创造。创新在继承中升华，而继承是创新的必然。创新具有以下几个基本特点。

（1）新颖性。创新不是模仿、再造，而是对现有事物的扬弃，是一种深刻的变革。因此，新颖性是创新的首要特征。具体来说，新颖性又包括三个层次：世界新颖性标准（绝对新颖性）、局部新颖性和主观新颖性。

（2）价值性。创新以价值创造或价值增加为最终目标，因而特别强调效益的产生。创新可以重新组合生产要素，从而改变资源产出，因而具有明显的、具体的价值和社会效益。所以，创新是一个创造财富、产生效益的过程。对于企业来说，创造利润是最重要、最基础的部分，也只有创造利润才能够反映出企业的活力。

（3）风险性。创新可能成功，也可能失败，这种不确定性构成了创新的风险。因此，在创新过程中，只准成功、不许失败的要求是不切实际的，只能通过缜密的设计、严格的实施和科学的管理来尽量降低创新的风险。

（4）动态性。创新是一个动态的过程。在知识经济条件下，唯一的不变就是一切都在变，而且变化得越来越快。因此，任何创新都不可能一劳永逸，只有不断地变革和创新，才能适应时代发展的要求。

案例 1-1

大疆无人机：创始人汪滔宿舍创业，今身价过四百亿

2016年的《福布斯》公布了世界最具影响力的30人，中国有4位人物上榜，其中有名的包括郭台铭、王健林、马云，以及汪滔。汪滔排名第28位，排名在第30位的是扎克伯格。2018年7月，大疆的创始人汪滔和他的导师——香港科技大学教授李泽湘在国际电气与电子工程师学会（IEEE）荣获2019年IEEE机器人与自动化奖项，该奖项是全球工程技术领域较为著名的奖项。2022年，汪滔荣居"2022福布斯全球亿万富豪榜"第586位，并荣居"2022福布斯中国内地富豪榜"第83位。

由汪滔创建的"大疆创新"正在悄悄地引领全球无人机变革，是消费级无人机的领导者，涵盖了全球70%的市场占比。2014年，大疆无人机被美国《时代》杂志评选为"年度十大创新技术产品"，排名第三。2015年2月，大疆科技有限公司成为美国著名商业杂志《快公司》评选出的"2015年十大创新消费电子公司"的中国"独苗"。排名第三，仅次于谷歌和特斯拉。

宿舍成为创业起点

1980年，汪滔在杭州出生。其父是一名工程师，其母是一名小型企业的管理者。在

读小学的时候，由于读了《红色直升机冒险故事》这本漫画书，汪滔迷上了天空。他的父母工作繁忙，没有人陪他。因此，汪滔绝大多数时间都在学习航空模型相关的知识，学习成绩反而一般。

1996年，16岁的汪滔在某次考试中获得了高分，父母为了奖励他，给他买了一架他朝思暮想的遥控直升机玩具。几个月后，这架遥控直升机就被严重损毁。

2003年，23岁的汪滔大三辍学。王涛离开了原先的大学，计划通过申请斯坦福或者麻省理工等世界一流大学作为自己新的起点，但无一例外都被拒绝了。最后，香港科技大学向他伸出了橄榄枝，汪滔在那里得以学习电子和计算机工程。

在汪滔25岁的时候，他学习并钻研遥控直升机的飞行控制系统。前三年的大学时间里，他一直磕磕绊绊，对自己的人生没有清晰的定位。在准备毕业设计时，他终于有所进展，说服老师同意了他的毕业设计方向——研究遥控直升机的飞行控制系统。

又是一年过去，汪滔在宿舍里制造了一台飞机控制器原型。2006年，他和两个同学踏上了去往深圳的路，这是他未来人生重要的转折点。

只生产世界级产品

创业刚起步时，汪滔就定下了无人机的制造标准，他的决定给周围的伙伴起到了不小的激励作用。他决定让自己的产品成为世界上最好的产品。

"我们从未设想在世界上生产品质一般的产品并以低价牟利——便宜是因为我们没有能力生产好的产品。我们现在已经不再习惯制造不符合世界最高标准的产品了。"

2015年4月，在纽约举行的"大疆精灵3"新闻发布会上，汪滔没有现身，因为他认为"这个产品没有达到他心里的完美标准"。

汪滔由于工作原因经常出国，有时听到国外对中国产品的评价，会令他感到情绪复杂，中国的飞速发展已经使国内经济发生了巨大的转变，但是在"中国创造"这一方面仍未有太大改变，无法获得国际认可与尊重，汪滔把这种现象看在眼里，心里迫切想做出改变。

正是因为汪滔最初"只生产世界级产品"的极客精神，大疆才在短短7年内就成为世界第一，这使得外国公司惊叹不已。可以说，汪滔做到并成功成为"中国的骄傲"。汪滔也被誉为"中国最会赚钱的年轻创业企业家"。

引领全球的一家中国公司

2014年，大疆售出的无人机数量达到了约40万架。

2015年，大疆的净利润增至2.5亿美元。如今，大疆在全球消费级无人机市场的份额已达70%。

无人机经过不断地发展，即将成为科技行业的"下一个大事件"，在这种状况下，大疆的竞争对手纷纷追赶大疆。

大疆无人机的威力有多大？一是公司核心团队能力和科研专利的研究。大疆年复一年地加大对无人机的研究和投资,对技术的重视程度仅次于华为。大疆组建了1500多人的研究团队,在无人机的关键核心技术方面取得了重大突破。根据世界知识产权组织的数据,从2008年到2017年,大疆已经申请了4000多项无人机相关专利,包括公共专利900多项,国家专利3206项。除此之外,大疆还在美国申请了70多项专利。

如果你认为大疆只能制造无人机,那么你就低估了大疆。2019年,大疆农业脱颖而出,全系列植保机销量超过1万台。植保机的功能是能够从各个角度观察农林作业技术,并远程遥控控制喷洒农药、种子、粉剂等。农业部和财政部联合下发通知,要求浙江、安徽、河南、山东、湖南、广东、重庆等6个省市,用大疆植保机械为中国农业服务。

工作狂的工作日记

一张单人床,一个办公桌,汪滔在简单的办公室每周都工作达到80小时以上。在办公室门上,汪滔贴着两行汉字——"只有头脑"和"没有情感"。他讲话犀利,坚持自己的原则和想法。随着公司的不断发展,汪滔现在成为拥有4000名员工的大疆领导。他不敢松懈,仍旧以一丝不苟的态度继续着工作,像初创大疆时一样。

(资料来源:作者根据相关资料整理)

2. 创新的性质

创新的性质有两个:"无中生有"和"有中生无"。无中生有是指科学发现和技术发明,有中生无则指对现有事物的改进。

无中生有的事例有很多,可以说整个世界发展史就是一部创新的历史。从钻木取火、电的发现到蒸汽机、电灯、电话、电脑、手机、电视、激光等的出现,都是无中生有的结果,都是伟大的创新,都改变了整个人类的生活。

案例1-2

我国首次实现从二氧化碳到淀粉人工全合成

2021年9月,国际权威学术期刊《科学》发表了中国科学院天津工业生物技术研究所(以下简称天津工业生物所)的重大突破。在实验室中,天津工业生物技术研究所在世界上首次实现了二氧化碳人工全合成淀粉,其淀粉人工合成效率是玉米作物的8.5倍。如果未来的技术能够工业化,它将节省90%以上的耕地和淡水资源。

国内外专家高度评价这一成果是"典型的从0到1的原始突破",不仅对未来农业生产,特别是粮食生产产生革命性影响,而且对全球生物制造业的发展具有重要意义。

合成的突破与进展

清代美食家袁枚在《随园食单》中写道:"粥饭本也,余菜末也。"粥作为国人的主食之一,其中最重要的成分就是淀粉,即碳水化合物。同时也是面粉、大米、玉米等谷物的主要原料,是世界上数十亿人不可或缺的食品原料之一,除此之外,它还被用作工业原料。

淀粉的产生被大众广为所知的来源之一是由作物通过自然光合作用来固定二氧化碳而产生。理论能量转换效率约为2%，并涵盖60多种代谢反应和复杂的生理调节。

天津工业生物研究所在中国"十三五"规划初期，就开始组织实施中科院重点项目"二氧化碳的人工生物转化"。通过利用"积木式"方法，该生物所与中科院大连化学物理研究所合作，在高密度氢能的作用下，利用化学催化剂将高浓度二氧化碳还原为甲醇。在接下来的研究过程中，以合成生物学的思想作为参考，根据大量的生化反应数据，设计了一条从甲醇到淀粉的人工合成路线ASAP，该路线只包含10个主要反应步骤。

在将设计转变为确实可行的方案过程中，研究人员从动物、植物和微生物等31个不同物种中挖掘并转化了62种生物酶催化剂。最终，选出了最优质、最稳定的催化剂，并使用了10种生物酶将甲醇逐渐转化为淀粉。

根据该项目的研究人员的说法，转换的过程可以在生物反应器中进行。在充足的能源供应条件下，理论上，1立方米生物反应器的年淀粉产量与种植30多亩玉米的平均年淀粉产量近似。此外，ASAP不仅可以合成更容易消化的支链淀粉，还可以合成不仅消化缓慢而且升糖缓慢的直链淀粉。

刚开始，新"诞生"的人工合成方法与经过数十亿年选择进化而来的自然途径相比，其系统兼容性有一定的局限性。在新方法的不断改革下，和最初的方法相比，ASAP的淀粉生产率有了跨越式的提高，淀粉合成速率达到玉米淀粉的8.5倍，从而产生了新的科学依据，可以促进生物系统产生新的功能。

农业生产"碳方式"转化

当今人类面临着许多挑战，其中包括粮食危机和气候变化。粮食淀粉的可持续供应和二氧化碳的转化利用是全球技术重点战略研究的方向。在不依赖植物光合作用的情况下，设计一个固定二氧化碳合成淀粉的人工生物系统会成为一项改革性技术。

天津工业生物研究所的这一研究成果，能够实现将传统的农业淀粉生产模式转变为工业车间生产模式，为二氧化碳原料合成复杂分子创造了新的研究发展方向。

这一成果获得业内专家的一致好评，他们认为这项工作是"拓展和提高人工光合作用能力最新研究成果的重点内容，是具有突破性意义的研究成果"，这将给下一代生物制造业和农业生产带来革命性的影响。

作物种植不仅需要很长的时间，而且需要很多资源，包括土地、淡水等。还需要使用化肥和农药等农业生产资料。由此看来，农业生产本身既是碳的来源，也是碳的汇集。如果可以通过土地合理利用改变、土地修复等方式把碳汇增加，从而大量节约的土地，那么农业生产就可以从碳的来源转变为碳的汇集。

合成生物技术的发展和利用能够改变农业生产模式，从而改善社会的相关经济问题，并在价值链高端创造新的经济增长点。在不久的将来，或许有更为高效合理的优化方法，减少资源消耗高、化学投入重的作物种植，在农业方面应用实现农林牧渔业多样化转变，丰富原来基本、单一的功能，将其转变为增加碳汇、环保的功能。

（资料来源：作者根据相关资料整理）

1.1.3 创新的原则与过程

1. 创新的原则

创新的原则是指开展创新活动所依据的法则和判断创新构思所凭借的标准。

（1）科学原理原则。创新不得违反科学规律，所以在进行创新构思时，要注意以下几点。

①应进行科学原理相容性检查，与科学原理是否相容是检查创新设想有无生命力的根本标准。

②必须进行技术方法可行性检查，如果设想所需要的条件超过现有技术方法可行性的范围，则该设想只能是一种空想。

③新设想的功能体系是否合理，关系到该设想是否具有推广应用的价值，因此，必须对其合理性进行检查。

（2）相对较优原则。创新不可盲目追求最优、最佳、最美、最先进。许多创新设想都各有千秋，需要按相对较优的原则对设想进行判断选择。

①从创新技术先进性上比较，看谁领先和超前。

②从创新经济合理性上比较，看谁合理和节省。

③从创新整体效果上比较，看谁全面和优秀。

（3）机理简单原则。在现有科学水平和技术条件下，如不限制实现创新方式和手段的复杂性，所付出的代价可能远远超出合理程度，使得创新的设想或结果毫无使用价值，因此，在创新的过程中，要注意以下几点。

①新事物所依据的原理是否重叠，超出应有范围。

②所拥有的结构是否复杂，超出应有程度。

③所具备的功能是否有冗余，超出应有数量。

（4）构思独特原则。兵法中一直强调"出奇制胜"。所谓出奇，就是思维超常和构思独特。创新贵在独特，创新也需要独特。在创新活动中，往往要从创新构思的新颖性、开创性和特色性几个角度系统地检查和思考。

（5）不轻易否定、不简单比较原则。在分析评判各种创新方案时应注意避免轻易否定的倾向。创新的广泛性和普遍性都源于创新所具有的相融性。应在尽量避免盲目地、过高地估计自己的设想的同时，也注意尊重别人的创意和构想。

案例1-3

华为创新发展历程

华为创立于1987年，是全球领先的ICT（信息与通信）基础设施和智能终端提供商，目前约有19.4万员工，业务遍及170多个国家和地区，服务30多亿人口。创新是华为能够成功的不可或缺的因素。有了创新，公司才能提升自身竞争力，但是创新的过程中充满了风险和挑战，公司在成长过程中，相关技术的创新关系到公司的生存和公司品牌的发展。

华为通过做贸易起家，这虽然和众多民营企业类似，但华为走出了自己的创新之路，在创新的道路上认真钻研，脚踏实地，将创新的理念应用到公司的各个方面。它的创新之路创造出一种积极主动、有针对性的创新能力，不断提高和超越自己，因此逐渐形成稳固的创新能力。

在技术引入、吸纳和二创方面，华为的创新更加明显，主要是通过改善功能、改善特征以及在全球企业的技术成就中增强整合能力。对于缺乏关键技术支持，华为通过购买或支付专利许可费来实现其产品的国际市场访问，然后研究最新市场需求，不断创新和整合，以最大程度地提高知识产权的价值。如今，中国制造业企业正面临着内部关注的问题，例如高劳动力成本、产能过剩和高消费量；外部威胁，例如人民币升值、海外市场开发缓慢以及贸易摩擦案件的增加。转型和升级是紧迫的。但是如何改变、如何升级？任正非曾说："科学和技术创新不能很快获得快速的结果和即时收益，需要20~30年的积累。"如果中国企业想去国外，融入世界，变得更强大，他们必须放弃想快速赚钱的想法，并愿意支持技术升级和管理创新。只有这样，才能进行转换和升级。

但是，只有技术升级不足以进行工业升级，还需要对管理同步进行升级。华为在初创时也经历了一段时间的广泛管理，但它迅速认识到管理方面创新的重要作用，并且不遗余力地进行全新的转型和改进。在企业步入国际范围的过程中，华为发现并运用了最新内部管理系统。华为连续与IBM、Hay、MERCER和PWC等国际知名公司展开交流与业务沟通，花费了高昂的费用从中引进高级管理概念和方法。它已经在综合产品开发、业务流程、组织、质量控制、人力资源、财务管理、客户满意度和其他方面进行了系统的改革，将公司的业务管理系统重点放在创造上。经过长时间的持续改进，华为的管理层与国际标准保持一致。它不仅经受了对公司持续的高速业务增长的考验，还赢得了国际平台的广泛认可，从而有效地支持了该公司的全球化战略。

"客户创新中心"和"诺亚方舟实验室"是华为专门针对客户定制的创新研究部门。通过解释和分析客户的个性化需求，它创造性地提供了为他们的需求量身定制的个性化服务。服务于来自各个国家或地区客户的不同需求已成为华为技术创新的推动力。华为在国际化方面的成功经验是掌握客户而不是竞争者的"痛点"，掌握客户而不是产品成本的需求。华为的成功，激起了无数人的想象，为中国企业国际化树立了标杆，建立了信心。

（资料来源：作者根据相关资料整理）

2. 创新的过程

（1）创新观察阶段。在创新过程中，目标市场定位与竞争战略是创业前战略思考的重中之重，创新者首先要弄清商机在哪里；自己的市场在哪里；自己能从现有的或潜在的竞争对手手里赢得多少市场份额；如何实现；等等。因此，为避免盲目创业，创新者必须对创业方向及创业项目进行深入细致、全面客观的观察。

①观察对象。第一，凭创新者自己的主观臆测或片面了解做出的决策，往往导致创新不够。所谓兵马未动，粮草先行，做任何一件事情，前期的准备工作是必不可少的。因此需要进行市场调研，市场调研包括对市场现状、市场进入门槛、客户群体特征、市场规模、市场需求、成长性等各种因素的调查和分析，只有掌握了客观、充分的资料，创新项目的选择、市场定位、明确产品或服务、市场营销决策等才能有据可依。第二，观察产业优惠政策资源。要对现阶段相关的国家政策、区域政策进行认真的解读和充分的利用，分析其中是否有行政审批、免费资源、资金扶持等方面的优惠政策和资源。如在税收方面，我国对大学生创业实行税收优惠和减免政策，除了享受小微型企业的税收减免政策之外，高校毕业生还享有经营三年免交登记类费用等更为具体的税收优惠政策。如在高新技术产业中，可享受减免15%的企业所得税。第三，分析外部环境资源。外部环境分析是为了确认可以使企业受益的机会和企业应该回避的威胁，是要确认关键的、值得企业做出反应的变化因素。根据企业特点，了解周边环境对创新有哪些有利帮助；当地的基础设施条件、人力资源供应条件、政策环境条件如何；有无政策咨询、融资渠道、技术专家、营销顾问等社会资源可用；等等。如在大学创业阶段，可以寻求学校老师的指导、学校的其他人脉资源等。

②观察角度。第一，基于解决别人困难的观察。"别人的困难往往就是企业成功的机会。"企业通过为他人提供有益的服务、为他人解决工作和生活中的困难，可以获得正当合法的盈利。例如，北大方正公司创始人王选为解决印刷行业困难，发明了激光照排系统，一举创业成功；有人针对大城市中的三口之家，夫妻两人上班经常为接送孩子上学和孩子吃饭的事发愁这一困难，开办托教服务项目，投资少、见效快，也取得了成功。第二，分析已有商品存在的问题。市场上销售的商品总会存在这样或那样的问题。有的样式呆板，有的颜色单一；有的在功能和性能方面不够完善，有的在结构方面不够合理等。创新者经过调查分析，针对这些商品存在的问题，进行改进、完善，以此作为创新项目。比如，美国迪士尼乐园的创始人迪士尼，就是针对当时市场上卡通影片存在的问题，通过改进技术创业的。第三，观察热销商品背后隐藏的商机。以热销商品为导向，认真分析热销商品背后隐藏的商机，再选定创业项目进行经营。例如，当看到市场上鸡蛋热销时，分析预测鸡蛋热销背后隐藏的商机：一是马上会兴起养鸡热，二是当养鸡热兴起后，鸡饲料将会供不应求。因此，既不去卖鸡蛋也不去养鸡，而是跳过这两个阶段去生产鸡饲料。这样当养鸡热兴起后，自然就会财源滚滚。

（2）创新思考阶段。创新思维是指以新颖独创的方法解决问题的思维过程，通过这种思维能突破常规思维的界限，以超常规甚至反常规的方法、视角去思考问题，提出与众不同的解决方案，从而产生新颖的、独到的、有社会意义的思维成果。创新思考阶段要做到以下几点：第一，要勇于打破常规和定势，学会从新角度认识问题。在日常学习和生活中的一个有限的范围内，人们接触了一定的类似概念后，会习惯性地形成一种思维定势，容易陷入"知其然而不知其所以然"的怪圈，不能看到事物的本质，在这样的状态下难以创新。因此，在各种实践探索过程中，要勇于拆掉习惯性思维的墙，打破束缚头脑的条条框框，要允许自己异想天开，主动丢弃从众心理和从众的思维习惯，"不走寻常路"，增强洞察事物本质的能力，从根源上找到解决问题的新构思、新思想。第二，机会要素的匹配性分析，商机、创意、资源、能力的匹配程度是适当的商机、有价值的创意、可得的资源、团队的能力四者的有机组合。当且仅当这四种要素处于匹配的状态时，对特定的创新团队而言，相应的机会才能够被称为"创新机会"。识别创新机会，需要进行四类要素的匹配性分析。如果创新机会与创意之间是匹配的，接下来就需要分析创新者是否有能力实施相应的创意，以及创新者是否能掌握实施该创意所需的资源。如果其能力、掌控的资源不足以实施相应的创意，则这时的机会也不够称为创新机会。第三，机会的风险收益性分析，多数机会都伴随着风险。在创新过程中明确项目有值得进行的必要，则需要进行机会的风险收益分析，以判断"固然是适合自己的创新机会，但该机会是否好到值得自己冒险而为"。当且仅当机会的风险收益大到某种程度，才值得创新者冒险起步、启动创业。否则，就得回到第一个环节，寻找、发现更具价值、更为恰当的创新机会。

（3）创新交流阶段。在创新过程中，创新交流是创新者保持创新性的保障。通过交流，可以让不同的想法集合到一起，发生思维的碰撞，极大地提高创新性。在交流过程中需要注意以下几点：第一，交流方式。在创新交流会或其他场所，需要注意交流的方式。针对不同的目的需要按照不同的角度进行交流，如以找寻伙伴为目的，主要针对目标的理想而谈；以学习为目的，则针对创新的方式方法而谈。当然，以不同目的进行交流时，所用到的方式方法也不同。在集思广益，找寻创意时，以畅所欲言的方式进行交流较为合适；在探索进一步发展时，以辩论或抛出问题的方式交流效率较高。第二，交流目的。在创新交流阶段，创新者应不忘初心，坚持自己的创新点，切不可被他人影响，转换创意。坚持自我是在创新交流中最重要的原则之一。在不忘初心的基础上，不论是找寻创新伙伴还是寻找资金，都需要以寻找志向相同、创新观念相近的伙伴或公司为原则。理念不合的创新伙伴，最后大多会走向了分道扬镳的道路，所以在寻找创新伙伴的时候就应当找理念相同的人。以学习为目的的创新交流，需要格外注意以发展自身创新点为目的，结合自身来谈。第三，交流的意义。创新交流是一种有价值的信息流通和交换的重要方式。在一个团队中，通过交流，将有价值的想法提出来，让大家集思广益，更有利于团队的发展。同时，不定期开办创新交流会议，也是重新认识团队和评估自我的过程。以互联网为例，在互联网发展到一定程度后，需要加入"互联网+"的概念，在大学生群体中集思广益，让更多的人来思考和交流，以求具有创意的"互联网+"新发展道路。

（4）创新实践阶段。在创新过程中，创新实践是创新的基础。在实践过程中，要做到以下几点：第一，创新思维来自实践、服务于实践。要把创新思维和社会实践结合起来，在实践中统筹兼顾，用整体、全面的观点和方法处理和解决发展中的各种复杂性问题。要学会掌握和运用逆向思维、发散思维和联想思维等，克服思维的单一性，善于多角度、多层次、全方位地解决学习、实践中的各种问题，力争达到独创性、系统性。实践，是创新思维的源头活水，实践中发现和产生的需求，是创新活动不竭的动力。因此，要积极投身和参与实践，在实践中收获"观念更新、思维新颖、方法先进"的成果，真正做到理论结合实践。第二，解决实践过程中发生的问题。结合在创新观察阶段、思考阶段及交流阶段的心得，共同解决各种问题和矛盾。遇到难题，可以多交流，从不同的角度或方式来解决。遇到困难，首先，要摆正心态，要懂得保持镇定，越是困难的时候越需要保持镇静，给自身信心。其次，要懂得发现问题、分析问题、识别原因，找出问题的关键，通过调动内部力量，必要时借助外部力量加以处理，并通过解决问题的过程积累经验。第三，多与他人沟通。在创新中，团队之间要合力去做事，在合作的过程中不可避免地要与他人沟通，学会并善于与他人沟通，会使合作更加融洽、默契和事半功倍。与团队成员要多沟通培养默契，与合作伙伴要多沟通适应对方。培养程序员时，有一个不成文的规定，要求其定期与客户展开会议，沟通交流。让程序员更好地了解客户的需求变化，也让客户对项目的进展有所了解。第四，克服胆怯心态，大胆尝试。大胆尝试是能够实现创新的前提，只有敢于尝试，才能有所成就。克服胆怯心态，在团队中敢于发声，提出自己的意见和想法；在合作中，敢于与他人交流，提出自己的需求。克服创业过程中的恐惧，就要学会通过客观分析，预测风险可能带来的破坏程度，做到心中有数。之后，要采取措施降低风险发生的可能性，比如制定周密的收款措施；加强安保措施；将当日收入的现金及时存入银行；对周围环境进行调查，对可能发生的问题进行防范等。

1.2 创新精神与创新能力

1.2.1 创新精神

1. 创新精神的内涵

创新精神属于科学精神和科学思想的范畴，是进行创新活动必须具备的一些心理特征，包括创新意识、创新兴趣、创新胆量、创新决心及相关的思维活动。

创新精神是一种勇于抛弃旧思想、旧事物，创立新思想、新事物的精神。例如，不满足已有的认识（掌握的事实、建立的理论、总结的方法），不断追求新知；不满足现有的生活生产方式、方法、工具、材料、物品，根据实际需要或新的情况，不断进行革新；不墨守成规（规则、方法、理论、说法、习惯），敢于打破原有的框架，探索新的规律，新的方法；不迷信书本、权威，敢于根据事实和自己的思考，质疑书本和权威；不盲目效仿别人的想法、说法、做法，不人云亦云，唯书、唯上，坚持独立思考，说自己的话，走自己的路；不喜欢一般化，追求新颖、独特、异想天开、与众不同；不僵化、呆板，灵活地应用已有知识和能力解决问题等都是创新精神的具体表现。

创新精神是科学精神的一个方面，与其他方面的科学精神不是矛盾的，而是统一的。例如，创新精神以敢于摒弃旧事物、旧思想，创立新事物、新思想为特征，同时创新精神又要以遵循客观规律为前提，只有当创新精神符合客观需要和客观规律时，才能顺利地转化为创新成果，成为促进自然和社会发展的动力；创新精神提倡新颖、独特，同时又要受到一定的道德观、价值观、审美观的制约。

创新精神提倡独立思考、不人云亦云，并不是不倾听别人的意见、孤芳自赏、固执己见、狂妄自大，而是要团结合作、相互交流；创新精神提倡胆大、不怕犯错误，并不是鼓励犯错误，只是认识到出现错误是科学探究过程中不可避免的；创新精神提倡不迷信书本、权威，并不反对学习前人经验，任何创新都是在前人成就的基础上进行的；创新精神提倡大胆质疑，而质疑要有事实和思考的根据，并不是虚无主义，怀疑一切……总之，要用全面、辩证的观点看待创新精神。

案例1-4

王潮歌与"长板理论"

王潮歌拥有长长的波浪卷发，非常有个人特色。任志强认为她是"语言有特点"的艺术家，而罗辑思维的罗振宇认为她是他见过的口才达人。实际上，王潮歌目前的身份是北京印象艺术公司的创始人兼首席执行官。

作为2008年北京奥运会开幕式和闭幕式的核心创意成员之一，王潮歌被称为中国最具创新性的导演，也是中国创意产业的领导者。但是，王潮歌认为这些赞美并不重要，她反而更愿意用自己的作品来表达。她的作品，例如《印象刘三姐》《印象丽江》《又见平遥》《又见敦煌》等不仅在国内外闻名，而且开创了新的表演形式，如大型实景演出和室内情景体验剧。王潮歌是一个非常简单的人。当她被邀请做《开讲啦》的演讲嘉宾时，她直言承认自己特别兴奋，神情毫无紧张。她说话颇具幽默感："为了见到每个人，我等待这个机会很长时间了，终于站在这里！我很高兴！我是谁？我的名字叫王潮歌，女性，汉族，1960年代出生在北京，已婚并育有一个女儿。自从大学毕业以来，我从事过的唯一职业是导演。我认为我是谁的问题是大家现在经常会问的问题。但是能明确知道我是谁，这并不容易。"

在谈论她的成长过程结束后,她向所有人解释了"长板理论"。她说大多数她拥有的板都短,但她的文章写得很好,也就是说,她只有一根长板。她说:"因为我擅长写作,所以文学给我带来了荣誉,而它带给我的荣誉足以消除我在物理和数学上的不足。因此,我现在发展得很好,因为我有这根长板。在这个漫长的成长过程中,我的个性不断完善,今天的生活仍然因为我所拥有的长板,这给我带来了好运、好生活、好工作。"

然后她接着解释说:"如果我真的想成为一名歌手并每天练习音乐,我可以唱歌吗?不行,原因就是我的声带不符合歌手的要求,即使我精疲力尽,我也不可以成为歌手。这是我无法拥有的长板,所以我为什么要练习?我需要知道我是谁。知道自己是谁,就是如何使自己的优势成为能够利用的长板。短板的话,不必强求自己。"

(资料来源:作者根据相关资料整理)

2. 创新精神的培育

(1)对所学习或研究的事物要有好奇心。能提出问题,说明大脑在思考。在学习过程中,如果提不出问题,那才是最大的问题。好奇心是包含强烈的求知欲和追根究底的探索精神,想在茫茫学海获得成功,就必须有强烈的好奇心。正像爱因斯坦说的:我没有特别的天赋,只有强烈的好奇心。

(2)对所学习或研究的事物要有怀疑态度。不要认为被人验证过的都是真理。许多科学家对旧知识的扬弃、对谬误的否定,无不是自怀疑开始的。怀疑是发自内在的创造潜能,它激发人们去钻研、去探索。事物在不断地变化,有些知识这时候适用,将来不一定适用。更何况,现有的知识不一定没有缺陷和疏漏。对待所学习或研究的事物应做到,不要迷信任何权威,应大胆地怀疑。

(3)对学习研究的事物要有追求创新的欲望。如果没有强烈的追求创新欲望,那么无论怎样谦虚和好学,最终都是模仿或抄袭,被限制在前人划定的圈子里。要创新,就要坚持不懈地努力,要有克服困难的决心,不要怕失败,要在一次次失败中寻求突破。

(4)对学习研究的事物要有求异的观念。不要"人云亦云"。创新不是简单的模仿,要有创新精神和创新成果,必须要有求异的观念。求异实质上就是换个角度思考,从多个角度思考,并将不同结果进行比较。求异者往往要比常人看问题更深刻、更全面。

(5)对所学习或研究的事物要有冒险精神。创造实质上是一种冒险,因为否定人们习惯了的旧思想可能会招致公众的反对。冒险不是那些危及生命安全的冒险,而是一种合理性冒险。大多数人都不会成为伟人,但至少要最大限度地挖掘自己的创造潜能。

(6)对学习研究的事物要做到永不满足。一个富有创造性思想的人如果就此停止,害怕去想另一种可能更好的思想,或已习惯了一种成功的思想而不能产生新的思想,这个人就会变得自满,停止创造。

1.2.2 创新能力

1. 创新能力的概念

创新能力是指围绕某一话题或面临的情况，能够迅速地构想出一些不同寻常的想法或独特的创意，来解决问题的能力。这一解释使"创新能力"成为一种实践应变能力。很多企业把大学生作为"后备力量"来培养，也许是基于企业对"创新驱动与转型发展"的急切期盼，对大学生寄予厚望。

与此相关的另一种能力是"连贯构思能力"，即围绕某一话题能迅速想出一些创意的能力。要求其具有逻辑判断力，能从全局和整体思考问题，并就此提出"构想"，这些构想也包括"创新"的含义。

创新能力其实是指根据矛盾提出假设，发现问题本质，提出问题的解决方案，并在解决问题的过程中不断优化解决方案，直至形成解决问题的能力。

创新能力与一个人的心理特征是紧密相关的，创新能力强的人，总能提出常人难以想到的"想法"，总能做出常人难以做到的"做法"，所以有"性格决定成败"一说。性格又是怎么形成的？形成了的性格会不会因环境而改变？性格能不能通过实践训练而改变？

生理基因与社会基因的传承、家庭教育及自由的环境，对创新及创新能力的形成都是十分关键的。真正创造世界的是人类，而只有心灵自由人生才能自由，才能由此迸发出惊人的创造力。

2. 创新能力的形成因素

创新能力的形成有五大影响因素，即遗传因素、环境因素、学习因素、实践因素、思维因素。

（1）遗传因素。人类通过遗传效应代代相传，这是形成创新能力的生理基础，是形成个体创新能力的物质前提。如孩子的身材通常与父母比较相似，尤其是同卵双胞胎孩子，两人甚至像同个模子刻出来一样，这就是遗传的效应。

（2）环境因素。人类的生理基因通过遗传代代相传，人类的社会"基因"则通过环境相互传播，环境是创新能力形成的重要影响因素。

人离开母体所接触到的第一环境是家庭，所以家庭环境对人极为重要。英国纪录片《七年》是导演迈克尔·艾普泰德选择了14个7岁的英国小孩，以7年为一个单位，用摄像的方式记下了他们的成长经历。结果发现，富人孩子基本不会偏离精英社会的培养期望，穷人孩子基本也无法脱离社会底层，14人中只有一位穷人孩子后来成了教授。

（3）学习因素。遗传因素属于先天的，环境因素属于后天的，这两个方面已经综合了各种影响因素。但是，由于"学习"在人的一生中所占有的特殊地位，可以作为一个单独因素来影响人的创新能力。学习其实可以分为两类，一类是学校学习，大约占人生的五分之一的时间；另一类是社会学习，那是终身的过程。

广义来说，学习是在特别情境下，由于练习或反复经验而产生的行为、能力或倾向上的比较持久的变化及其过程。

狭义来说，学习是指在各类教育环境中，在教师或前辈的指导下，有目的、有计划、有组织地进行的，是在较短的时间内系统地接受前人积累的经验，以发展个人的知识技能，形成符合社会期望的道德品质的过程。

通过学习不仅获得前人积累的知识与经验，而且能创造新的知识与经验。这不仅是一个理解与传承的过程，更是一个创新的过程。

（4）实践因素。学习出知识，实践出经验。长期的工作实践，不断地积累实践经验，这对创新能力形成与提高具有十分重要的意义。

但值得注意的是：实践经验也会造成思维定势，并有可能束缚人的手脚，成为创新的绊脚石。这是很多企业难以从成功走向成功的关键原因。

（5）思维因素。父母给了我们生理基因，社会给了我们社会基因，我们自身也在不断地学习与实践，这一切都固定在我们大脑中，形成一定的思维能力。

人类与其他动物相比，只有肩膀以上部分才有优势。那是因为人类依靠大脑不仅创造了精神世界，还创造了物质世界。当今社会我们日常所见之物，都源于人类的创新与创造；未来世界也应在不断创新中得以延续。这正如比尔·盖茨所说：可持续竞争的唯一优势来自超过对手的创新能力。

案例1-5

张小龙与微信

张小龙毕业于华中科技大学电信系，分别获得学士、硕士学位。在很多人印象中，张小龙是优秀而落魄的技术大牛。他的朋友评论说，他是一个天生的孤独者，只有两个爱好——每周一次的打网球和每天的深夜音乐，此外就是带着他的团队不分昼夜写代码。

谁能想到，正是这个人，他对成名和财富无动于衷，唯一好讲情怀，并成功做出中国互联网行业中最成功的产品之一——微信。

讲情怀

1998年秋季，周鸿祎首次在广州认识了张小龙。

这位已经在行业中颇有名气的程序员和他的十几个员工挤在一个小办公室里干得热火朝天。那时张小龙开发的Foxmail拥有200万用户，成为中国用户数量最多的共享软件。而周鸿祎也只是方正软件研发中心的副总监。

周鸿祎谈及当初，说他当时还指出张小龙的Foxmail不设置商业模式，说有必要增加广告并获利。张小龙问为什么这是必要的？只要有用户和情怀，它就很好。

他们的争论总是以张小龙的沉默而不了了之。"这样的人是如何制作出微信的？"周鸿祎感到困惑。

Foxmail处于顶峰时期时，腾讯用户只有10万，并且大多数人认为邮箱比社交媒体所能够开拓的领域更大。

没想到一年之后，张小龙竟然决定将Foxmail卖给博大互联网公司。通知宣布后的第二天，他写了一封较为伤感的信，其中他将Foxmail与精心制作的艺术品进行了比较。

张小龙认为自己一直是一个孤独的创造者。他的人生大道一直很平坦、很顺利，直到这条广阔的道路被商业和盈利两块大石头堵住。

许多共享软件（例如傲游、千千静听、超级兔子等）已被淘汰。现如今的张小龙很幸运地拐了个弯，但无数的看客纷纷认为他的时代已经结束。

不久之后，张小龙和Foxmail被衰落的博大包装并出售给腾讯。有人评论说，张小龙如今已经无法融进时代的潮流。从程序员到产品经理，他学会了控制自己的产品，但他从未设法控制用户。出人意料的是，命运给了张小龙新的机会，而这次机会让他获得了前所未有的成功。

产品教父

"这是一个奇迹！"微信的产品主管曾鸣对微信的成功发表了这样的评论。

曾鸣是微信的13个创始团队成员之一。他说，当时，每个人都不知道该如何制作微信。此外，其中一半的成员是没有经验的实习生。

但是可以肯定的是：张小龙是一个对产品的偏执狂。大约在2010年，腾讯中的另外两个团队也在开发与微信类似的产品，但他们担心该项目会损害与运营商的关系。在一定的压力下，这些项目被暂停，只有张小龙的产品继续推动前进。

商人总是偏向能够获得利益的方式，而艺术家选择做他认为是正确的事情，不会妥协。这正是微信能够赢得用户的原因，也是微信在腾讯内部的竞争中脱颖而出，在互联网占有一席之地的重要一步。

夜晚，每个人都在讨论可以在多大程度上构建官方账户，以及是否可以将其制作到像淘宝这样的在线商店时，这一点被张小龙否认了，并说："这是错误的。"——这也是他常说的话。他认为应该使用标准化界面将所有企业和项目连接到微信。这一点奠定了微信与其他网络界面联系的方式。

曾鸣说，张小龙做事不会搬大道理，也不会清晰地讲每个步骤。他的想法有时会被他人怀疑是否正确，但是从那以后每次都得到证明，这确实是正确的。

连接到世界

张小龙把自己的产品做得不仅是工具，而且涵盖了社会甚至是世界，通过这个"世界"可以让用户抒发情感、进行社交。一位见过张小龙多次的记者说，张小龙更喜欢生活在他可以控制的世界上，并且对他无法控制的东西不感兴趣。工作时他并不会西装革履，而是穿着舒适的衣服在办公室奔走，他和团队的紧密联系确保了开发出来的产品都是他的心血所在。

2012年7月，张小龙在腾讯发表了长达8小时20分钟的演讲。他讲了178页的PPT，没有给任何人提出问题或打扰他的机会。他谈论了哲学和艺术以及人性。他说，生产产品是为了使用户开心。2013年1月，微信用户的数量超过3亿。张小龙为自己产品之路的考核交上了一份漂亮的答卷。

（资料来源：作者根据相关资料整理）

1.3 创新的意义

1.3.1 创新与个人

创新能力是一个人能力的重要体现，拥有良好的创新能力与创新意识，无疑是大学生就业时的重要竞争筹码。通过创新能力的培养，能够激发大学生的求知欲望和动手实践能力，把被动转化为主动，其主体责任感和独立能力也会增强，并逐步形成坚定的信念和顽强的意志。

以大学生为代表的青年人更是科技创新的主力军。"中国大学生为何缺乏创新创业精神？"这一直是教育界讨论的话题。很多教育学家认为：缺乏创新的缘由是中国教育的方式。机械式教育下的中国学生面对任何问题只追求一个正确答案。在高校开展创新教育不仅是为了解决大学毕业生的就业问题，也是深化高等教育改革的重要途径，更是为各行各业输送具有创新精神和创业品质的优秀人才的关键渠道。

案例1-6

"90后"喜茶创始人——聂云宸

你可能没有听过聂云宸这个名字，但如果提起喜茶，想必你多少有所耳闻。聂云宸正是喜茶的创始人，这位被称作年轻人喝出来的"90后首富"走出了一条传奇的创富之路。

1991年，聂云宸出生在江西的一个小县城，家境普通，学习成绩也一般。为了一家人能团聚，父母把他接到广东江门读书，这是聂云宸第一次见识大城市的繁华。

高考后，成绩平平的聂云宸没能达到本科录取线，只能进入广东一家专科院校学习。当时的他，只想赶快学好技术分担家里的经济压力。但和很多大专的学生一样，毕业后的聂云宸没能找到专业对口的工作，于是决定自己创业。

2010年正是中国手机行业蓬勃发展的时期，本着对电子产品的热爱，聂云宸开了一家手机配件店。初次创业的他缺乏经验，把地址选在了离家很近但是颇为偏僻的巷子中，生意十分惨淡。

"如何吸引顾客到店"成为他创业路上的第一个难题。幸运的是，恰逢iPhone 4上市，聂云宸抓住商机，为顾客提供免费的刷机服务，一单能赚200元。

这一经营策略成功吸引了不少顾客的到来，作为回报，客人都会购买一些店里的配件，带动他店里的生意。就这样，聂云宸小店的生意终于有了起色。

但是好景不长，2011年电商的快速发展致使线下手机店生意冷清，聂云宸的店也不例外。无奈之下，他只能关店思考新的创业方向。

进军奶茶界

微薄的积蓄让聂云宸只能十分谨慎地寻找商机。经过半年的调研、规划、研究和试验，聂云宸最终选择了备受年轻人欢迎的奶茶。2012年5月12日，广东江门出现了一家新奶茶店——皇茶，它正是喜茶的前身。

3天的开业促销后，皇茶的生意一落千丈，无法支撑店铺运营，一天卖不出3杯。又一次经历了惨淡期的聂云宸没有气馁，尝试站在消费者的角度换位思考问题：狭小的店面、普通的装修、没有新意的产品、千篇一律的口味确实难以吸引顾客，找到原因的聂云宸立刻着手改良和创新。

创新阶段的聂云宸每日喝掉的奶茶数量都是20杯起步。经过无数次的调试，聂云宸最终放弃了传统的奶茶粉冲泡方式，而是别出心裁地选用新鲜的牛奶和现泡茶底，制作出了当时市场上独有的芝士奶盖奶茶。虽然价格稍贵，但这款用料扎实的奶茶很快大受青睐。

新品的小小成功让聂云宸信心倍增，他相继开发了一系列的"新型奶茶"，都获得了不错的反响。店里的客人络绎不绝，甚至排起了长队。

短短3年，皇茶成功在珠三角地区开了近50家分店。可伴随着品牌的爆火，山寨仿品也越来越多，一夜之间，山寨皇茶如雨后春笋般冒出，广东就有300多家，加之商标局把"皇茶"定为通用名词，聂云宸最终失去了皇茶的商标权。

眼看着自己一手建立的品牌被淹没在冒牌店里，聂云宸果断放弃了这个经营了5年的品牌。他相信，只要技术和理念掌握在自己手里，一切不过是从头再来罢了。

茶饮传奇——喜茶的诞生

25岁的聂云宸又一次开始了新品牌"喜茶"的经营。如今，他的经验丰富，不只对饮品有高标准，对店里的员工也提出了高要求：制作流程要规范，还要保持良好的服务态度。他告诉员工："只有把某件事当成一种习惯，才能对抗枯燥，不被惰性裹挟。"

在其他品牌忙着扩张做加盟的时候，聂云宸选择做直营店，为了保证茶饮的品质和员工的服务质量。年轻化的经营理念、独具一格的装潢和别出心裁的饮品让喜茶在竞争激烈的市场中站稳了脚跟。

在生意越做越好的时候，聂云宸遇上了一位伯乐，这位伯乐就是乐百氏创始人——何伯权。其实早在经营皇茶的第4年，两人就有过接触，聂云宸"茶饮年轻化"的经营理念给何伯权留下了很深的印象。于是，当聂云宸再一次找到他时，何伯权果断地选择投资。

2016年夏天，聂云宸拿到了IDG资本和何伯权1亿元的A轮投资。两年后，龙珠资本为喜茶投下4亿元的B轮融资，随后，腾讯、红杉资本又为喜茶投下估价约90亿元的新一轮融资。

2018年，高瓴资本和蔻图资本联合领投，使得喜茶的市场估值高达160亿元。聂云宸也因此成为身家45亿的年轻富豪，于2019年登上福布斯亚洲"30位30岁以下精英"榜。

喜茶彻底火了。2017年2月，喜茶上海人民广场店开业，无数追随者为了能够喝到这一杯奶茶，创下了排队7小时的纪录。现场甚至有黄牛代买、加价转卖，喜茶俨然成为网红级茶饮品牌，成为年轻人的潮流符号。

初心未改

2021年7月，喜茶又完成了一轮5亿美元的融资，刷新了中国茶饮界的融资纪录，估值达到了600亿元。截至2023年5月13日，喜茶已覆盖全国241个城市，国内的开业门店达到1279家（包含状态为升级中、休息中的门店），装修筹备中的待开门店达到482家，合计1761家。可聂云宸初心不改，要让顾客不断喝到优质的、新鲜的茶饮，创新是永远的话题。

他领导制作并尝试推出了包括茶饮、甜品、面包、喜茶实验室等240多款单品，还和百雀羚等品牌跨界联名。

聂云宸的办公桌上放着很多空杯，用来品尝评估新品的味道和改进方向。聂云宸表示，自己更看重品牌与效益，其他的一切都是浮云。

从一个"90后"专科毕业生到身价150亿的年轻富豪，胸怀大志、脚踏实地、不断创新就是聂云宸成功的秘诀。没有什么成功是一蹴而就的。稍有努力得不到回报就自暴自弃、怨天尤人，这是错误估量了成功背后的付出。只有坚持不懈、持之以恒地做好每一件事，才有可能获得更大的成绩。

（资料来源：作者根据相关资料整理）

1.3.2　创新与国家发展

创新是科学技术和经济发展的原动力，是国民经济发展的重要因素，是一个民族进步的灵魂。认同经济发展和生产力提高依赖于创新的观点，对于国家发展有着深刻的影响。换句话说，国家的经济成就在某种程度上依赖于创新的能力。在经济发展新常态下，促进科技创新与经济发展深度融合，加快科技创新转化为现实生产力，具有重大的现实意义。

党的二十大报告指出，要坚持创新在我国现代化建设全局中的核心地位。创新是引领发展的第一动力，抓创新就是抓发展，谋创新就是谋未来。当前，新一轮科技革命和产业变革深入发展，我国发展面临新的战略机遇。创新成为我国迎接新一轮科技革命和产业变革，实现我国经济、政治、文化、社会和生态文明建设的第一动力，成为推动中国式现代化建设的重要力量。激发科技创新动力，对于建设创新型国家和建成富强民主文明的现代化强国具有十分重要的意义。

国内学者也针对我国经济建设与发展实际提出了许多见解。部分学者构建了一些协调和量化评价指标体系的模型，分析了区域科技与区域经济发展之间的关系，分析出科技创新对经济增长具有显著的促进作用。科技创新重心不断贴近经济重心，科技创新的不同环节对经济发展的影响程度不同。高校和公立科研院所是建设创新型国家的中坚力量，也是支撑区域创新的最根本力量。

"大众创业，万众创新"，高校一直以来都是提高国家创新能力的关键主体。高校科学研究的一个重要价值，是通过对基础科学研究的支持，促进科研成果向产业界流动，从而促进经济发展。高校是知识创新的源泉，是国家拥有的唯一能促进知识创新、培养尖端科技人才的机构。一方面，高校是独立探索的科学机构，在决定国家的科学技术性质和质量上起着重要作用；另一方面，在国家科学研究和开发的机构中，高校是唯一培养未来科学家和技术人才的主要场所。

高校既是教学中心又是科研中心的双重地位，决定了国家未来科学研究的性质和形式。高校作为知识源，拥有较丰富的知识储量和先进的技术设备，以及较强的知识创新能力，其学术研究能力的开发，本身就孕育着未来经济和社会发展的一些形态。区域经济发展对于高校来说是一个非常复杂和问题较多的领域。由于知识生产形式的变化、不断的市场化及学生流动性的增强，高校在国家战略规划当中的地位有所弱化，却始终引领着国家技术生产系统的演进。高校在国家创新系统中的地位仍然十分重要，同时更为区域经济作出了强有力的贡献。

随着各区域经济的飞速发展，高校教育与区域经济发展要实现同步，这样才能更好地为区域经济发展提供服务。在经济全球化发展的进程中，区域经济结构已经由劳动密集型的结构，转变为技术密集型结构，这样的经济结构转变加大了对高技能应用型人才的需求。在高校教育中，应优化教材，使教材更具有实用性与针对性；为学生提供参与实践的机会，帮助学生能够适应职业素质需求，能根据企业对人才职业能力的需求及时调整自己的发展方向，弥补自己发展中的短板；课程设置要更加灵活与专业，要坚持工学结合、产教结合，在教学过程中实现与企业生产过程的密切联系，通过分段式、多学期的方式灵活组织教学。

目前，我国还没有成为创新型国家。在尖端技术的掌握和创新方面，虽然我国已经打下了一定的基础，在一些重要领域已经走在世界前列，但从整体上看，我国创新能力不强，国家创新体系的建设仍然任重而道远。

1.3.3 创新与继承

创新和继承是一个民族文化生生不息的两个轮子。不善于继承就没有创新的基础，不善于创新就缺乏继承的能力和活力。继承是前提，创新是根本。唯有创新，才能发展。在传承中另辟蹊径，寻找创新之路，定会有守得云开见月明的喜悦。

对于大学生而言，在生活中，要想获得成功，创新是必不可少的，但是缺少了继承，创新便会成为无源之水，无本之木。只有既懂得发扬自己的特色，勇于创新，又善于继承前人的传统，才更易成功。创新，并不是闭门造车，不是靠自己的主观臆测去随意地胡编乱造，而是注意继承前人优秀的成果，在别人正确的理论指导下创新。例如，英国17世纪的科学巨匠牛顿发现了万有引力定律和运动的三大定律，创新不可谓不丰富。可当别人问及他为什么会取得如此的成绩时，他自谦是站在了巨人的肩膀上。细细想来，如果没有伽利略夜观星空，如果没有第谷·布拉赫数十年如一日研究天体的运行规律，那么牛顿想要总结出物体运行的三大定律，似乎要大费周折了。可见，创新和传承是不可分的。

中华民族优秀的传统文化流淌在五千年的历史中，流淌在亿万华夏子女的血液中。优秀的传统文化是根和魂，要做好传承与创新。实际上，不只是文化，只要是先辈留下来的精华，都需要我们维护好，传承给一代又一代的炎黄子孙。

案例 1-7

故宫文创——赋予历史文物"烟火气"

文创是近几年的消费热潮，随着各处IP价值的挖掘和一系列爆款文创产品的推出，景区推出的"文创雪糕"、博物馆IP联名纪念品、故宫文创、各种跨界国潮文创……文创正以生生不息的创新力和高附加值赋能多元产业，快速占领消费者心理，成为礼品市场的宠儿。说到文创，故宫可谓是一个"超级网红"。

故宫，原本是严肃、庄重、神秘的代表，而在"故宫文创"出现之后，其与大众之间的距离不断拉近，也成功将故宫文化推向民众，成为文创界的翘楚。

早在2013年，故宫就推出了"奉旨旅行"行李牌、"朕看不透"眼罩、"朕就是这样汉子"折扇等文创产品，这些产品因具有强烈的反差萌而受到广泛好评。而后，故宫又推出原创彩妆，并在外包装上借鉴了许多故宫的元素，尽显中华民族气韵。

从有趣的文创产品，到时尚彩妆等领域，再到丰富的跨界合作，故宫俨然已经掌握了出圈密码，成为文创界的经典出圈案例。

其实，故宫文创大火的原因，离不开"反差营销"对公众的吸引力。一边是"六百年历史"，另一边是极具现代潮流特色的"卖萌"特征，通过巧妙的营销和文创产品的精心打造，故宫文化迅速贴近年轻群体，形成情感共鸣，掀起了一股"新国潮"，为大众带来历史文化传承的新感受、新体验。由此，故宫文创不仅让古典的历史人物变得灵动、诙谐，让文化历史变得有趣、接地气，也成功将自己打造成为文创行业的超级品牌。

（资料来源：作者根据相关资料整理）

1.4 创新管理概述

1.4.1 创新管理产生的背景

1. 企业创新实践发展的需要

进入20世纪90年代以来，经济全球化、网络化趋势更加明显，以IT技术、互联网的广泛应用为标志的新科技革命浪潮使得企业的生存与发展环境、经营目标与方式等发生了根本性的变革。企业面临的环境更加动荡，竞争更加激烈，顾客需求的个性化及对速度和灵敏度的要求对企业提出了新的挑战。仅有良好的生产效率、足够高的质量，已不足以保持市场竞争优势。越来越多的企业发现，全面创新正日益成为企业生存与发展的不竭源泉和动力。目前，一些国际知名创新型企业已经开始推行全面创新的管理，我国企业，如宝钢、海尔等也开始了这方面的探索，已初见成效。

2. 企业发展对创新管理理论的需要

（1）内部因素。

①企业发展需要创新。

②提高员工素质需要创新。

③提高核心能力需要创新。

④单方面创新存在缺陷。

⑤降低创新风险。

⑥延长企业生命周期。

⑦企业资源利用和降低成本。

（2）外部因素。创新是企业内的研究开发部门、生产部门和营销部门，以及企业外的研发机构、高等学校及其他企业相互合作的结果。另外，政策、经济、文化等因素也都是影响创新的因素。

①创新是市场需求的日益个性化及对响应速度的要求。

②创新是经济全球化的要求。

③创新是新科技革命浪潮的要求。

④创新受到社会各种因素（政治、经济、文化）的影响。

⑤创新受到竞争对手和供应商的影响。

⑥其他因素。

1.4.2 创新管理的发展历程

综合国内外学者的研究，可以将创新管理的发展过程划分为四代。

1. 第一代创新管理

第一代创新管理并没有明确的策略目的，创新活动与业务不直接关联。创新活动主要由科学家或技术专家主导，企业高层不参与创新活动的相关决策。处于这一阶段的企业，一般将研发活动视为可有可无的行为，对研发支出采取成本控制的方式，但不期待研发成果对企业运营带来显著的贡献，因此，研发部门必须每年主动向企业争取预算。同时，研发部门对研发活动也没有一套系统化的管理体系，研发主题的选择大多由技术人员自主决定，没有明确的商业动机，研发成果评价以技术产出指标为主。可以说，第一代创新管理是一种极为初级的管理活动，企业仅能认识研发活动的专业特征，尚未认识到研发活动对企业运营的重要性与关联性。

这种不受体制限制的研发创新活动有时也能产生惊人的成果。例如，早期AT&T所属的贝尔实验室曾发明晶体管，并引发了电子产业的革命。但由于第一代创新管理与企业经营策略脱节，纵然产生了重大创新，研发成果也未必能为企业所用。AT&T的运营并未从晶体管的发明中受益，反而是日本新力公司利用晶体管来微小化家电产品，一跃成为消费电子产业的领导者。

2. 第二代创新管理

当企业进入第二代创新管理时，创新活动与业务活动的关联逐渐紧密，不过大多研发创新活动由业务部门提出，研发部门被动配合。仍采取功能性分工，与业务目标相关的研发项目开始采取矩阵式的管理方式。研发活动依据项目类型采取不同的绩效评估与管理方式。例如，基础研究项目的目标与方向仍由研发专业人员自行掌控，并无正式的项目管理，绩效以同事评估与技术指标为主；但对应用与产品开发的部分，研发目标、预算、进度等都需要与业务部门共同决定，采取较为严谨的项目管理，并以比较明确的经济效益指标来评估研发活动的绩效。

在此阶段，虽然企业已将研发活动纳入运营活动，但研发活动仍以配合公司经营方针为主，创新成果并不被视为竞争优势的主要组成部分，研发部门仍然属于功能性部门。一般情况下，技术发展较为成熟的行业或采取技术跟随策略的企业，大多采用第二创新管理模式。

3. 第三代创新管理

第三代创新管理将研发创新活动与企业运营紧密结合，研发创新成为经营策略规划中不可或缺的一部分，技术创新成为创造竞争优势的重要因素。企业采取跨部门的矩阵组织来从事创新活动，对于重要的创新项目采取独立项目小组的方式，超越部门的限制，由公司高层来直接领导重大的创新活动。研发部门的地位大幅提升，企业投入研发创新的经费大幅增加，且更加重视研发成果的绩效评估。

在第三代创新管理中，研发、营销、生产等部门以平等的地位竞争企业内有限的资源，企业经营者需要紧密结合研发与营销、生产部门，以团队方式来推动各项计划。当前科技型企业大都已进入第三代创新管理阶段。

4. 第四代创新管理

第四代创新管理将创新视为创造策略性竞争优势的主要手段，并将创新管理提升至经营策略的核心层次。第三代与第四代创新管理的主要差异在于对创新的策略态度。例如，在研发项目管理与绩效评估方面，第四代创新管理更为重视研发活动所带来的策略性效益，给予研发部门更多的自主权，研发资源的运用也较为弹性宽松。第四代创新管理将焦点集中在新科技、新市场、新事业的开发与创新上。如何提升未来市场与未来技术的清晰度，并采取有效的技术策略与构建创新导向的组织制度，以降低新科技、新市场与新事业开发的风险是第四代创新管理的目标。

进入第四代创新管理的企业将创新视为企业管理最重要的议题，因此特别强调企业整体的创新管理。一般而言，这类企业已将研发管理由一个部门提升到针对企业整体创新活动的管理。在技术研发、市场发展、生产制造的组织运作、流程管理、策略规划等方面都以持续创新作为最高的指导原则。

第四代研发创新管理具有以下特点：一是创新管理成为企业管理最重要的议题。企业通常建立以创新为导向的企业文化与扁平的组织结构，技术创新强调独立的项目团队组织，在经费运用与创新项目选择上具有很大的弹性与自主权。重视技术资源管理以积蓄企业核心技术能力。二是创新主导企业的经营策略方向。领先创新与发展核心技术能力被视为企业创造价值的最关键部分，企业高层亲自主导与技术有关的策略规划，并以技术策略作为经营策略规划的核心部分。三是与技术创新相关的投资被视为策略性的知识资产投资。企业采取扩大技术创新的投资规模来维持企业成长与竞争的优势地位，促使策略性知识资产大幅增加企业的市场价值。其手段有扩大研发支出、扩充技术团队实力、购并新兴科技公司、委托大学与研究机构从事前瞻性技术的研发、以投资手段取得技术专利等。四是较多采取攻击性策略，积极投入前瞻技术与下一代技术研发，以创新成果改变现有产业竞争方式，并赢得市场领导地位。五是技术创新更多灵活运用技术合作、技术授权、技术转移、技术交易、购并合资等手段，以提升技术创新的效率与效能。六是在全球最适合的地方设置研发机构，将知识创新、技术创新、产品创新、制程创新、市场创新等纳入全球研发网络。

目前全球科技产业中的领导厂商几乎都采用第四代创新管理，获得竞争优势与维持市场的领导地位。

1.4.3 创新管理模式

1. 创新管理要素

创新管理涉及多业务的协同管理，其核心在于知识管理与积累。为了完成从创意到市场价值的转化，创新需要从两个方面进行管理：一是从系统协同的角度对战略、组织、资源、制度（文化）四个方面进行精心的设计，使以解构为主的"创造性破坏"和以建构为主的"组织重建、规程复构"管理活动合理地互动，增加企业的价值。二是从过程整合的角度，对创意、研发、制造、营销四个方面进行科学的管理，使创新过程有效进行，创新风险得到最大控制，提高创新成功的概率。

（1）创新战略。有效的创新管理需要制定创新战略，需要突破传统创新发展模式，视条件实现从基于引进与简单制造经营模式，到整合国内外新兴科学技术和商业资源，创造更高附加值、更环保的产品或服务的经营模式的转变。增强战略管理能力和战略创新能力是实施自主创新的重要条件。

（2）创新组织。有效创新依赖于创新组织结构的优化，创新型企业需改变组织结构，使之成为面向顾客的流程化组织，以便更快、更有效地将创意孵化成可制造、有商业价值的产品。通过不断加强组织变革与创新，为新思想变成新价值搭建卓越的平台，增强组织的服务功能。

（3）创新资源。为了实现创新战略目标，就必须创造性地实现资源的重新组合，包括信息、资金、人才、品牌、知识产权等一系列有形与无形的资源，尤其是信息与知识资源的整合。在开放式环境中，不能仅依靠内部资源，还要获取外部知识来实现创新。互动式学习是获取外部知识的有效途径。创新资源多元化整合的过程，也是创新网络建立的过程。

（4）创新文化。以价值观、制度体系、行为规范、实物载体体现的创新文化对创新具有重要作用。创新文化应在保持统一性与协调性的基础上，适当增加个性化的内涵。

（5）创意管理。创意资产是组织最重要的资产之一。创意管理是一种智力的潜力挖掘与判断过程。创意管理的过程与管理一个团队或企业有很大不同，需要更为合理的管理方式、途径与目标。

（6）研究开发。创新管理首先要构建创新体系结构，然后按照体系结构组建高水平研发团队，设计合理高效的研发流程，借助研发信息平台支持研发团队高效工作，以绩效管理调动研发团队的积极性，以风险管理控制研发风险，以成本管理使研发工作在成本预算范围内完成，以项目管理确保研发的顺利进行，而知识管理促使研发团队智慧联网和知识沉淀。

（7）生产制造。生产制造是指将一定比例的经济资源组合成新产品、新部件的过程。创造性地实现资源的重新组合，一方面，对新产品生产系统提出系列要求，包括适应性要求、用户要求、竞争性要求、经济性要求；另一方面，受企业内外条件的局限，生产系统对新产品生产的满足程度又受到技术、资源等限制。因此，生产制造管理也是创新管理的内容之一。产品创新促进了生产制造的创新，生产制造的创新同时又为产品创新提供条件。

（8）市场营销。创新的核心在于创造市场价值。营销的重点在于发掘、激发、创造并满足消费者细分化的、潜在的、尚未满足的需求，将需求与组织所能提供的产品或服务进行对接，对接成功就意味着创新获得成功，意味着创新得到了市场的认可。

企业创新管理要素及相互关系，如图1-1所示。

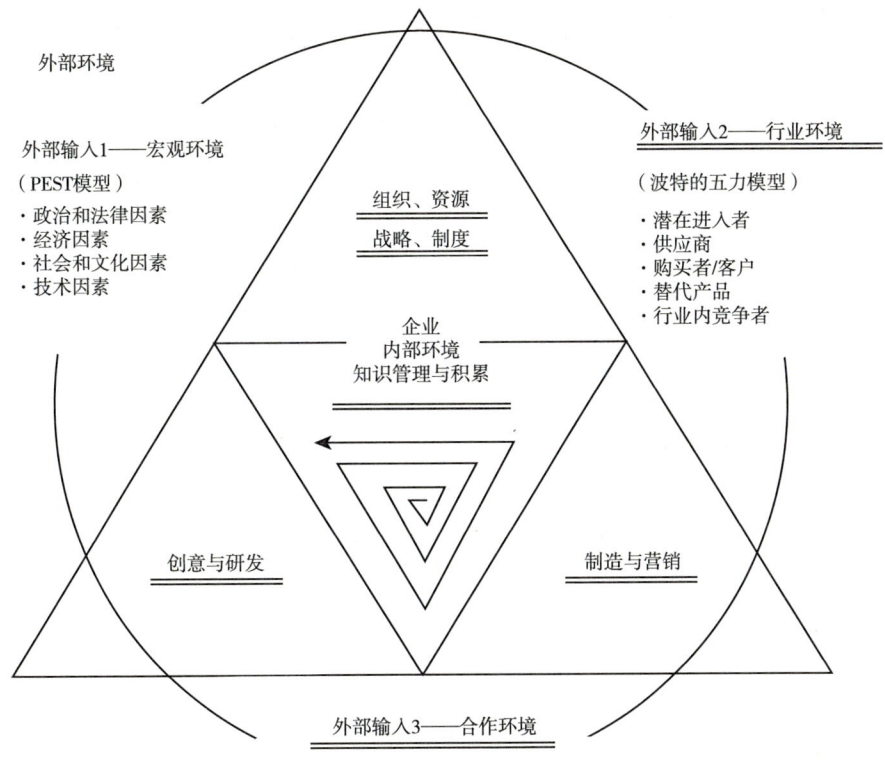

图 1-1　企业创新管理要素及相互关系示意图

2. 全面创新管理模式

全面创新管理是指建立在系统学、协同学、复杂性理论基础上的新型创新管理模式，对于推动企业技术创新管理模式的变革有着积极的作用。

全面创新管理的内涵是以价值增加为目标，以培育和增强核心能力、提高核心竞争力为中心，以战略为导向，以创新要素（如技术、组织、市场、战略、管理、文化、制度等）的协同创新为手段，通过有效的创新管理机制、方法和工具，力求做到人人创新、事事创新、时时创新、处处创新。全面创新管理的核心是"三全一协同"，即全要素创新、全时空创新（即兴创新、即时创新、持续创新）、全员创新和全面协同。

全面创新管理的五角模型如图1-2所示。

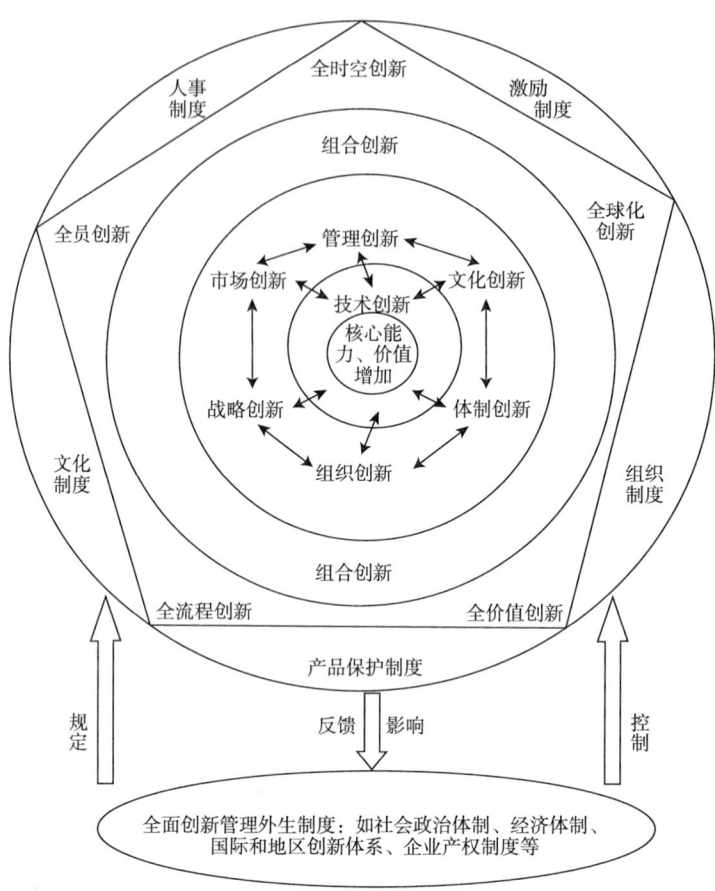

图 1-2　全面创新管理的五角模型

全面创新管理与传统创新管理的区别与联系见表 1-2。

表 1-2　全面创新管理与传统创新管理的区别与联系

项目	全面创新管理	传统创新管理
创新内容和要素	着眼于各创新要素的组合与协同，强调全面创新	着眼于单个创新；强调技术创新，忽视其他创新
产品/工艺创新的协调	强调产品创新与工艺创新的协调，均衡地考虑显性和隐性创新效益	重产品创新、轻工艺创新；过分强调产品创新的重要性
创新的战略性	既以战略为导向，又注意创新与战略的互动	不明显
创新的空间范围	强调整合全球资源进行创新	企业内部，强调自力更生，对合作创新的认识不足
与核心能力的关系	以培育核心能力、价值创造为中心	不注意创新与核心能力间的互动
创新主体	强调全员创新、全时空创新、全方位创新	单纯强调研发部门、研发人员创新

续表

项目	全面创新管理	传统创新管理
创新速度	响应速度快	响应速度慢
创新组织形式	扁平化、网络化结构	直线式职能结构
创新源	创新源多样化、包括利益相关者和整个价值链	创新源较单一（内部研发）
与其他部门的联系	十分紧密、主动，整体利益导向	很少、被动，部门利益导向
项目管理方式	跨职能、跨组织团队、虚拟团队等	研发内部项目小组
创新的目标	以价值增加（提高经营绩效）为目标，主动创新	完成上级任务，被动创新

思考与实践

1. 通过网络查阅创新的相关资料，谈谈你对"大众创业，万众创新"的理解。
2. 阅读一个成功创业者的案例，分析创新精神的作用。
3. 谈一谈创新对大学生及我国的发展有怎样的意义。
4. 创新能力自我评估：下面是20个问题，要求如实回答是或否。

（1）听别人说话时，你总能专心倾听。

（2）完成了上级布置的某项工作，你总有一种兴奋感。

（3）观察事物向来很精细。

（4）你在说话以及写文章时经常采用类比的方法。

（5）你总能全神贯注地读书、书写或绘画。

（6）你从来不迷信权威。

（7）对事物的各种原因喜欢寻根问底。

（8）平时喜欢学习或琢磨问题。

（9）经常思考事物的新答案和新结果。

（10）能够经常从别人的谈话中发现问题。

（11）从事带有创造性的工作时，经常忘记时间。

（12）能够主动发现问题以及和问题有关的各种联系。

（13）总是对周围的事物保持好奇心。

（14）经常能够预测事情的结果，并正确地验证这一结果。

（15）总是有些新设想在脑子里涌现。

（16）有很敏感的观察力和提出问题的能力。

（17）遇到困难和挫折时，从不气馁。

（18）在工作上遇到困难时，常能采用自己独特的方法去解决。

（19）在问题解决过程中有新发现时，你总会感到十分兴奋。

（20）遇到问题，能从多方面、多途径探索解决它的可能性。

如果对这20道题的答案都是"是"，则说明你的创造力很强；如果有13道题答案是"是"，则说明你的创造力良好；如果有10~13道题答案是"是"，则说明你的创造力一般；如果低于10道题答案是"是"，则说明你的创造力较差。

第 2 章

创新思维

学习目标

- 了解创新思维的概念与本质。
- 掌握创新思维的具体形式。

思政目标

- 从理论和实际的结合中理解和掌握创新思维知识,培养学生运用所学知识解决实际问题的能力。

2.1 创新思维的相关概念

2.1.1 创新思维概述

1. 创新思维的特点

创新思维是指以新颖独创的方法解决问题的思维过程，通过这种思维能突破常规思维的界限，以超常规甚至反常规的方法、视角去思考问题，提出与众不同的解决方案，从而产生新颖的、独到的、有社会意义的思维成果。创新思维具有以下几个特点。

（1）突破性。创新思维是突破性思维，要创新必须对已掌握的知识信息进行加工处理，从中发现新的关系，形成新的组合，并产生突破性成果。《孙子兵法》中"置之死地而后生"和《三国演义》中"草船借箭""空城计"的典故就是因为突破常规思维才取得成功的。创新创业者应敢于怀疑，敢于批判，敢于提出问题。要用好奇的眼光积极主动地转换视角，从尽可能多的角度观察事物，运用自己的潜能，激发灵感，突破各种成见、偏见和思维定势，推动人们创造和创新。当旧的障碍被突破，人们的好奇心就会得到一定的满足，从而产生满足感和自信心。新的问题出现后，会再次激发人们创新和创业的思维热情。

（2）新颖性。创新创业的本质是求异、求新。思维结论超越了原有的思维框架，具有独到之处。更新知识和理念，发现新原理、新规律，对改变人类的生活方式和促进社会进步起着重要的作用。

（3）深刻性。深刻性是指思维的深度。思维深刻的人不会满足于对问题的表面认识，他们善于从多方面和多种联系中理解事物，因此能够正确认识事物，揭示事物内部的规律，预测事物的发展趋势与未来状态。

（4）独立性。思维的独立性不仅表现在不迷信、不盲从、不满足于现在的方法和方案上，还要保持科学性，经过自主地独立思考，形成自己的观点和见解，突破前人，超越常规，产生新的思维成果。如果没有独立自主地进行思考，而是遵守常规、照章办事、服从已有的权威，就不可能产生独特新颖的思维，也就根本谈不上创新、创造。

（5）突发性。创新思维的产生一般表现出一种突发性，如"茅塞顿开""灵机一动""踏破铁鞋无觅处，得来全不费功夫"等。一般情况下，有意识地创造设想或支配设想往往不能如愿，而某种偶然因素的触发可能促使一种解决问题的新方法、新思路的诞生。

（6）敏捷性。创新思维的敏捷性是指在短时间内迅速调动思维能力，并能当机立断，迅速解决问题。思维的敏捷性以思维的灵活性为基础，还必须依赖其观察力及良好的注意力等优秀品质。

（7）风险性。创新思维活动是一种探索未知的活动，受到多种因素的限制和影响，如事物所处的发展阶段及本质暴露程度，人的认识水平、能力、环境与实践条件等。这就决定了创造性思维具有风险性，即不可能保证每次思维活动都能取得成功，甚至很有可能毫无成效。

2. 创新思维的意义

创新有法，思维无法，贵在创新，重在思维。只有具有创新思维，才能有富有成效的新产品的诞生、一个有意义方法的提出、一个成功契机的诞生。正因为这些创造性发明和创新的出现，新行业得以诞生，企业得以发展、财富得以汇聚，社会得以进步，世界才有了今天这样的精彩。创新思维是引导社会发展和进步的基石。

（1）创新思维促使知识融会贯通，知识优化组合。知识是多种多样的，一个人只能掌握一定量的知识，但由于产生创新思维的土壤不是贫瘠和单一的，这样就促使人们了解"上至天文，下至地理"多个领域，涉猎的知识门类更广、体系化更强，同时在不断地思考和学习中，达到知识的融会贯通、优化组合。

（2）创新思维促使企业自主创新，培养自有品牌。树立中国的民族品牌，需要依靠自主创新。企业的产品没有创新就没有市场，企业的发展没有创新就难以维持。中国的强大，离不开民族企业的发展，民族性国际品牌的出现，这是一个国家综合国力、经济实力的侧面体现，民族品牌的树立，也离不开创新思维的支持。

（3）创新思维能解放想象力，促进教育体制的完善发展。随着社会的发展，创新越来越显示出巨大的作用。当前，我国基础教育提倡全面发展，促进学生的多方面能力发展，促进学生的自主能动性得以发挥，想象力得到激发和保护。想象力是创新思维的源泉。创新思维促进了教育体制的完善和发展，而这对社会的明天、民族的未来至关重要。

（4）创新思维能促进社会重视创意产业发展，督促立法体制的完善。当今行业类别宽泛，很多行业都需要创新思维。而是否具有创造力、创意能力，是评判企业是否适合此行业发展的标准。

如果社会各界重视创新，对原创作品更加推崇，进而促进人们尊重原创、反对剽窃的行业正气。个人团体及社会同时加强对原创作品、创意创新的保护意识，也能更加激发创意产业的蓬勃发展，推动相关部门对此类产业知识产权保护，推动我国法律法规的完善。

3. 创新思维的对象

从原理上研究创新思维，首先要研究创新思维的对象，即人的思维所指向的目标。你在考虑什么东西？你想解决哪方面的问题？你想改进哪种产品？其中，东西、问题、产品就构成了思维对象，从对它们的思考中获得某种创新性的结果。

从创新的角度来研究思考对象，其根本的特点就是"无限"，即无限数量、无限属性、无限变化。

（1）无限数量。在自然界，大到日月星辰，小到尘埃，无限多的事物散布在人们周围；同样，在人类社会中，春种秋收、集会游行，有无限多的事件发生在人们周围。在思维领域也是如此，无数的概念、观点、理论学说储存在人类的头脑中。

所有客观事物和主观现象，都有可能成为创新思维对象。

对于创新思维对象数量上的无限性，还可以从另一个方面来理解，当人们的大脑只思考一个问题或一个事物时，由于实际事物总是以这样或那样的方式相互联系和制约着，致使人们面临数量无限多的可供思考的对象。

例如，一个商场只要对外营业，就会形成自己的社会形象，请认真想一想构成或影响一家商场的社会形象的因素有哪些？

第一，从商场的一般特征来说，其因素有经营历史、社会知名度、在商界的渗透程度、商场的目标市场等。

第二，从商品的特征来说，其因素有品种齐全的程度、商品的质量、商品的适应性及更新速度、商标名称的使用等。

第三，从商品的价格特征来说，其因素有总体价格水平、质量价格比、与同行业竞争者的比较等。

第四，从员工的服务特征来说，其因素有员工的仪容仪表、员工的态度和业务技能、对消费者利益的关心度等。

第五，从商场的硬件设施来说，其因素有商场建筑的外貌、所处位置和周围环境、内部装修水平、顾客的走道和升降设备、商品布局和陈列等。

第六，从商场的宣传特征来说，其因素有广告媒体的使用、发布商品信息的数量和速度、宣传的真实程度等。

事实上，如果要设计或重塑这家商场的社会形象，那么需要考虑的因素是无限多的。

（2）无限属性。从整体上来说，创新思维的对象无限多；从每一个具体的思维对象来说，它具有的属性也是无限的。即当两个以上的事物在一起作比较时，它们各自的属性就显现出来了。例如，一块普通的面包有多少种属性呢？有长条形的、白面做的、温热的、烤黄的、松软的、具有香气的、甜味的、特定面包厂生产的、特级师傅做的、在特定季节和特定时间做的等。

所有的事物和现象都具有无限多的属性，正因如此，每一种具体的事物和现象都不同于任何别的事物和现象，都是独一无二的。

（3）无限变化。辩证法观点认为，世界并不是由既成事物组成的，而是过程的集合。那些乍看起来不变的事物，其实都是漫长变化过程中的一个小小的片段，其自身也在不停地变化。恩格斯认为，辩证法不崇拜任何东西，具有彻底的革命性。

案例 2-1

两片完全相同的树叶

德国哲学家莱布尼茨曾给当时的国王讲哲学时说："世界上没有两片完全相同的树叶。"国王不相信，就让侍女们到花园去找出"两片完全相同的树叶"。结果，侍女们忙碌了半

> 天，全都空手而归。
>
> 　　一片小小的树叶如果细细考究起来，它所具有的属性是无限多的：长短、宽窄、厚薄、色彩的浓淡、边缘的锯齿形状、脉络走向等，其中的每一种属性都可以继续细分出许多种属性。要想找出两片属性完全吻合的树叶，显然是办不到的。
>
> （资料来源：作者根据相关资料整理）

　　树叶是这样，每一种事物也是这样。如果思维受到各种因素的约束，往往对同一种事物和现象只能看到它的一种或少数几种属性。在思考问题时，如果对某个问题能够找到一种答案就以为万事大吉，不愿或根本不想去找寻第二种甚至更多的解决方案，是无法拥有创新思维的。

　　古希腊哲学家赫拉克利特说过：人不能两次踏进同一条河流。有变化才有机遇，只有把握了事物的变化，才能把握创新的机会。

4. 创新思维的过程

　　创新思维的本质就是创造性思维。创造性的成果不是一蹴而就的，而是要经历一个相对较长时间的思维过程，包括选题、分析运用各种方法和产生结果的过程。对思维过程进行研究，有利于人们了解创造性思维结果的产生过程、影响因素，有利于根据创造性思维过程的研究成果开发创新思维能力。

　　许多心理学家对创造性思维过程进行了研究，产生了多种理论，如华莱士的四阶段模式、王国维的"三境界"论等。

　　（1）华莱士的四阶段模式。华莱士认为，人的创造性思维的产生和发展，是以发现问题为中心、以解决问题为目标的高级心理活动。无论是科学的还是艺术的创造性思维，一般都要经过四个阶段，即准备阶段、酝酿阶段、豁朗阶段和验证阶段。

　　①准备阶段。准备阶段是创造性思维活动过程的第一个阶段，是搜集信息、整理资料、做前期准备的阶段。由于待解决的问题存在许多未知数，因此要搜集前人的知识经验，来对问题形成新的认识，从而为创造性思维活动的下一个阶段做准备。例如，爱迪生发明电灯时，相关资料整理成的笔记就有二百多本，总计达四万多页。可见，任何发明创造都不是凭空想象的，都是在日积月累、大量观察研究的基础上进行的。

　　②酝酿阶段。酝酿阶段主要对前一阶段所搜集的信息、资料进行消化和吸收，在此基础上，找出问题的关键点，以便制订解决这个问题的各种策略。在这个过程中，如果有些问题一时难以找到有效的答案，通常会把它们暂时搁置。但思维活动并没有因此而停止，这些问题会时刻萦绕在头脑中，甚至转化为一种潜意识。在这个过程中，容易让人产生狂热的状态。如"牛顿把手表当成鸡蛋煮"就是典型的钻研问题狂热状态的表现。因此，在这个阶段，要注意有机调节思维的紧张与放松状态，使其向更有利于问题解决的方向发展。

　　③豁朗阶段。豁朗阶段，也叫顿悟阶段，经过前两个阶段的准备和酝酿，思维已达到一个相对成熟的阶段。在解决问题的过程中，常常会进入一种豁然开朗的状态，这就是前面所

讲的灵感。

④验证阶段。验证阶段又叫实施阶段，主要是对前面三个阶段形成的方法、策略进行检验，以求找到更合理的方案。这是一个否定—肯定—否定的循环过程。通过不断地实践检验，从而得出最恰当的创造性思维的过程。

（2）王国维的"三境界"论。我国晚清学者王国维在《人间词话》中说："古今之成大事业、大学问者，必经过三种之境界：'昨夜西风凋碧树，独上高楼，望尽天涯路。'此第一境也。'衣带渐宽终不悔，为伊消得人憔悴。'此第二境也。'众里寻他千百度，蓦然回首，那人却在，灯火阑珊处。'此第三境也。"

①第一境界："昨夜西风凋碧树，独上高楼，望尽天涯路。"这词句出自北宋晏殊的《蝶恋花》，原意是说：我上高楼眺望所见更为萧飒的秋景，西风黄叶，山阔水长，案书何达？王国维在《人间词话》中此句解成：做学问成大事业者，要有执着的追求，登高望远，瞰察路径，明确目标与方向。

②第二境界："衣带渐宽终不悔，为伊消得人憔悴。"这句引用的是北宋柳永《蝶恋花》中最后两句，原词是表现作者对爱的艰辛和爱的无悔。王国维以此两句来比喻成大事业、大学问者，不是轻而易举、随便可得的，必须坚定不移，经过一番辛勤劳动，废寝忘食，孜孜以求，人瘦衣宽也不后悔。

③第三境界："众里寻他千百度，蓦然回首，那人却在，灯火阑珊处。"是出自南宋辛弃疾的《青玉案》。王国维已先自表明，"吾人可以无劳纠葛"。他以此词最后的四句为第三"境界"，即最高境界。要达到第三境界，必须有专注的精神，反复追寻、研究，下足功夫，自然会豁然贯通，有所发现。

（3）杜威的创造五阶段模式。杜威在《我们怎样思维》一书中提出的反省思维的五阶段，被后人称为解决问题的五阶段模型。

①发现问题，即发现事物的矛盾点，产生认知的困惑。

②明确问题，即找出问题的症结所在，并清晰地进行界定。

③提出假设，提出解决问题的种种假设。

④对提出的假设进行推理，对每一种假设进行推理，从中找出可能正确解决问题的假设。

⑤验证假设，即用行动检验这些假设的有效性。

2.1.2 创新思维的本质特征

1. 具有强烈的自我超越性

创新思维是对旧事物的一种扬弃，在旧事物的基础上有所改变和发展，因此，一个很突出的特点就是敢于自我否定，勤于自我否定，具有极为强烈的自我超越性。

自我超越也是创新思维无穷的生命力所在，它以自我超越获得优势，从而推动现代科技革命与社会进步，使人类社会生活发生翻天覆地的变化。

2. 具有自身软性

创新思维是一种存在于人的理性的观念性活动，与硬性的实物不同，它从来都是一种软性的存在。然而创新思维的外在表现形式，却往往是一种硬性的存在。比如，在人类发展历史上划时代的工业革命带来的创新成果——蒸汽机、发电机、流水生产线、计算机，展现给人们的都是硬性的存在，但这些实物的存在是以软性的创新为前提的。

如今，创新思维在其外在表现形式上也越来越表现出软性特征，集中体现在知识、信息等上。正是这种外在表现形式的逐渐软性化，使得人类的软性财富和无形资产得到了快速发展，知识和信息产业创造了巨大的产值。

3. 覆盖时空越来越少，作用周期越来越短

人类在信息传递方式上的创新周期越来越短。据资料记载，在四千年前的埃及，人类第一次用使者来传递信息。在两千多年前的中国汉朝，开始出现驿站，这是一种新的高效的信息传递方式。两百年以前，人类出现了邮政这种革新性的信息传递方式。五十多年前，出现了电子邮件和移动电话。后来，又出现了QQ、微信等便捷高效的通信方式。

在信息传输的方式上，革新的周期越来越短，这也正是当下创新思维作用周期越来越短的体现。特别是在现代科技的核心领域——计算机和互联网的天地里，创新思维更新周期越来越短。

4. 具有强烈的竞争意识

这是一个快速变化的社会，处于变革中的大时代，带给人们的是不断变化的环境，因此，要想取得更好的成就，必须带有强烈的竞争意识。创新思维在竞争中诞生，在竞争中成长。在创新的领地里，一劳永逸的创新是不存在的。

5. 对生产力发展的作用前所未有的巨大

据统计显示，目前知识创新在经济增长中的贡献率，已由20世纪初的5%~20%上升到90%左右。在未来，以现代创新思维为基石，创造的财富还会呈几何倍数增长，可以说，创新思维已成为一个国家富强的源泉，成为社会经济发展的主要推动力。

2.2 创新思维的形式

2.2.1 发散思维与聚合思维

发散思维是指对待解决的问题从不同角度、不同方向、不同层次进行思索探求，从而得到新构想、新思路、新发现、新方法的思维过程。发散思维的发散，强调处理问题时思维的

开阔性和广博性。即尽可能地从问题的各个方面进行剖析，能够想到定位，包括上、下、左、右、前、后，能够贯穿时光，包括问题的过去、现在、未来，能够延伸视角，从微观到宏观，从自然到社会。发散思维是指不囿于思维定势，思路以一点为中心展开，获得尽可能多的方法的一种立体思维。美国心理学家吉尔福特把思维分成聚合思维和发散思维两种。发散思维是沿不同的方向去探求多种答案的思维形式，而聚合思维是将各种信息聚合起来，得到一个最好的解决方案的思维形式。

吉尔福特认为发散思维具有以下三个特点，这三个特点正是用来衡量创造性高低的标准。

1. 流畅性

流畅性是指让思想自由发挥，在较短时间内形成并呈现出尽可能多的思路或方法。比如在思考"制冷"方法时，要能够做到从"感觉舒适"和"避免变质"等方面进行多方向的思维发散，想到水、冰、电、平静、吸热放热、化学反应、压缩、空调、冰箱等物质、方法、原理。思维流畅性是建立在知识和经验的基础上，同时也是经常思考和善于思考的结果。

2. 灵活性

灵活性是指思维过程中的变通程度，也就是克服思维定势的能力。灵活性通常借助横向类比、触类旁通、活学活用等方法，促使思维沿不同方向发散。思维灵活往往与思维僵化相对立，像刻舟求剑、郑人买履等典故都形象地揭示了处理问题时缺乏灵活性的结果。灵活性是发散思维的较高层次，它可以使思维的信息量大大增加。

3. 独特性

独特性表现为思维的新异、奇特、独到，即从全新的角度认识事物，提出超乎寻常的新思路，极大地促进创新成果的产生。没有独特性也就谈不上创新性。独特性是创新思维的基本特征之一。在思维发散过程中，必须抓住事物的本质和解决问题的关键点，在思维发散的每一个方向、每一个层面发现问题的特殊之处。

发散思维并不意味着漫无目的地思考问题。一方面，思考问题时思维发散的每一个方向、每一个角度、每一个细节都带有明确的目的性，都是为最终解决问题服务的；另一方面，思维本身是人对事物的认识上升到理性和逻辑层面的结果。既然对事物的认识深入了一定程度，那么思维本身也就是围绕着一个目标进行的。对于创新而言，鼓励思维扩展发散，但并不是无边无际地发散，而是要时时回头审视"归根到底要做什么"这个问题。

聚合思维也称为聚敛思维、集中思维、求同思维等，是把发散思维过程中产生的多个信息、多种思路通过比较、分析、综合、推理、评价等方法引导到逻辑序列中，最终获得一个既有创造性，又有可行性的最佳方案。

聚合思维是人们在思维过程中针对目的而产生提示作用的思维方式，是一种求同思维，它全面地考察问题，为寻求一种具有创新和应用价值的结果而梳理、筛选、综合、统一多种发散思维得到结论。发散思维是一种求异思维，为在广泛的范围内搜索，要尽可能地放开，把各种不同的可能性都设想到。

聚合思维与发散思维既有区别，又有联系，既对立又统一。没有发散思维的广泛收集、多方搜索，聚合思维就没有了加工对象；反过来，没有聚合思维的认真整理、精心加工，发散思维的结果再多，也不能形成有意义的创新结果。只有两者协同动作，交替运用，一个创新过程才能圆满完成。发散思维和聚合思维的含义及关系如图 2-1 所示。

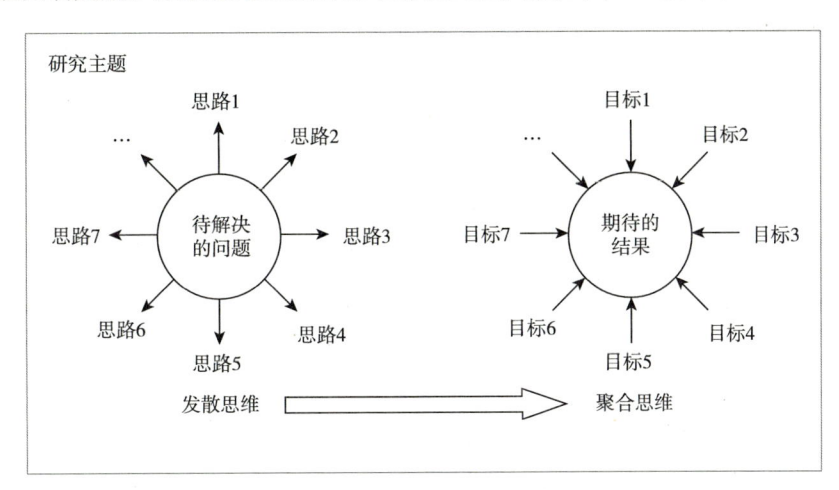

图 2-1 发散思维和聚合思维的含义及关系

吉尔福特认为："正是发散思维，使我们看到创新思维的最明显的标志。"流畅性是灵活性和独特性的前提，灵活性则是创新的关键。

2.2.2 形象思维与抽象思维

形象思维是指在对形象信息传递的客观形象体系进行感受、储存的基础上，结合主观的认识和情感进行识别，并用一定的形式、手段和工具创造和描述形象的一种基本的思维形式。形象是指客观事物或现象的外在特点和具体表象在人脑中的反映。形象思维是通过外在特点和表象来对事物的现象和本质进行思考，其表达方式主要有语言、图表、音像、模型、动作等。形象思维具有形象性、直观性、灵活性和模糊性。例如，仿生学利用蜂房的正六边体结构设计出既轻巧又坚固的新型建筑结构。

形象思维是反映和认识事物本质特征的重要思维形式，是开发人的大脑，培养人、教育人的有力工具。在科学研究中，科学家除了使用抽象思维以外，也经常使用形象思维。爱因斯坦是一个具有超凡逻辑思维能力的大师，他也非常善于发挥形象思维的自由创造力，他所构思的种种理想化实验就是运用形象思维的典型范例。这些理想化实验并不是对具体的事物运用抽象化的方法，舍弃现象，抽取本质，而是运用形象思维的方法，将表现一般、本质的现象加以保留，并使之得到集中和强化。爱因斯坦创立的相对论实际上就是起源于一个自由的想象。

与形象思维相对应的是抽象思维。抽象思维也属于思维的高级形式，它是利用概念，借助符号进行思维的方法。例如，牛顿第二定律就是对自然界物体运动和动力本质规律的高度抽象和总结概括。抽象思维的主要特点是通过运用分析、综合、抽象、概括等基本方法，揭示事物的本质和组成要素间的规律性联系。从具体到抽象，从感性到理性，人的认知过程必须运用抽象思维。

2.2.3 求同思维与求异思维

求同思维和求异思维是创新思维方法辩证统一的两个方面。客观世界本身就是相似性与差异性的统一，同中有异，异中有同，由此决定了以创新为宗旨的思维方式必须坚持求同存异的辩证思想。

求同思维是从已知的事实或命题出发，沿单一方向推导来获得满意结果的思维方式。归纳法是获得事物共同特征和规律的基本方法。把归纳出的共同特征和规律进行推广的方法是演绎法。在这些方法中，肯定性的推断是正面求同，否定性的推断是反面求同。求同思维是沿单一的思维方向，追求思维的顺序和缜密性。能够以严谨的逻辑性展开思考，遵循客观，从实际出发来揭示事物内部存在的特性和规律，并注重用实践检验结果。

运用求同思维的步骤如下：
（1）在各种不同的事物中找出与问题主题相关的若干事物。
（2）寻找这些事物的共同特征。
（3）根据实际需要，从某个结合点着手，将这些事物求同，产生新的策略或研究思路。

求异思维是指在相同或相似的多个事物中，寻找它们的相异之处。每一种事物都具有无穷多的属性，因而任何事物之间都不可能完全相同，都或多或少存在差异。求异思维是形成世界丰富性和多样性的客观基础。求异思维是有创造性的思维，即通过思维创造性活动，不仅揭露事物的本质及内在联系，而且可以在这个基础上产生新颖的、超出一般规律的思维成果。求异思维重在开阔思路、激发联想，从各角度、各层次思考问题，从而选择富有创造性的异乎寻常的新构思。

求异思维就是要求与众不同。人都有自己的思考习惯，多数人思考问题时习惯于"求同"，过于求同是惯性思维的典型表现。求异思维是一种不受已有信息和以往思路的限制，从不同方向、不同角度寻求不同答案的思维方式。许多约定俗成的事情，如果加上"未必""不见得"等词，思维就会转向"求异"。数学上的一题多解就包含着求异思维。

在处理问题时，求同存异是一个原则，是充分发挥创新思维的特征，找出矛盾双方的共同点而又不排斥对立的意见。这是在思维层面对"宽容"的一种解释。

2.2.4 灵感思维

1. 灵感思维概述

灵感是人们在思维过程中认识飞跃的一种心理现象。这种状态能引发艺术、科学、技术的新的构思和观念的产生或实现。简而言之，灵感就是人们大脑中产生的新想法。灵感思维是指凭借直觉而进行的快速的、顿悟性的思维。它不是一种简单逻辑或非逻辑的单向思维运动，而是逻辑性与非逻辑性相统一的思维过程。

灵感思维是创造性思维的又一种表现形式，灵感的闪现来自顿悟，也就是通常所说的"灵机一动"。灵感思维常常以"一闪念"的形式出现，并往往使人们的创造活动进入一个质变的转折点。大量研究表明，灵感思维是基于人们在创造过程中发散思维和聚合思维多次叠加，逻辑思维和非逻辑思维的反复作用，潜意识思维与显意识思维多次交替进行，使隐藏在人们头脑中的潜意识突然进入激发状态而形成的。灵感思维是创造活动进入高潮后才出现的一种富有创造性的思维突破。灵感常常为创造发明带来思路、线索、设想和启示，很多创造性成果都是通过灵感思维形式完成的。

案例 2-2

浮法玻璃的发明

早期生产平板玻璃采用垂直引上法，但是这种技术生产的玻璃不够平整，影响了玻璃的使用。在一些特殊行业，想要得到光滑、平整的玻璃板，还需要增加研磨抛光加工的工序。由于玻璃的硬度很高，使得研磨抛光的成本就很高。因此长期以来，人们一直在努力寻找能够制造既光滑又平整的玻璃的生产技术。美国一位工程师曾为此大伤脑筋，考虑很久也未能想出办法。一天晚饭后，他在洗碗的过程中发现水面上漂浮着一层油花，顿时从这层油花联想到玻璃也能像油一样漂浮而突发灵感，从而试制成功了浮法玻璃生产技术。当然漂浮玻璃的液体并非水，而是低熔点合金。

（资料来源：作者根据相关资料整理）

灵感思维具有以下特性：

（1）突发性。灵感往往是在出其不意的刹那间出现，使长期苦思冥想的问题突然得到解决。在时间上，它不期而至，突如其来；在效果上，突然领悟，意想不到。这是灵感思维最突出的特征。

（2）偶然性。灵感在什么时间、什么地点出现或在哪种条件下出现，都因难以预测而带有很大的偶然性，往往给人以"有心栽花花不开，无意插柳柳成荫"之感。

（3）模糊性。灵感的产生往往是闪现式的，而且稍纵即逝，它所产生的新线索、新结果或新结论使人感到模糊不清。要精确实现，还必须有形象思维和抽象思维辅佐。

（4）瞬时性。灵感持续的时间很短，往往是以"一闪念"的形式出现的，转瞬即逝。灵感到来时如果不注意，不随时记下来，就可能与灵感失之交臂，再也想不起来了。宋代苏轼的"作诗火急追亡逋，清景一失后难摹"，是对灵感瞬时性的生动写照。

灵感思维所表现出的这些特征，从根本上说都是来自无意识。形象思维、抽象思维都是有意识地进行的，而灵感思维则是在无意识中进行的，这是它们的根本区别。

2. 灵感思维的类型

（1）自发灵感。自发灵感是指在对问题进行较长时间思考和执着探索的过程中，随时留心和警觉所思考问题的答案和启示，可能某一时刻在头脑中自发突然闪现。

（2）诱发灵感。诱发灵感是指脑海中本来没有什么问题，但是突然受到外部事物的刺激，而诱发出来的灵感。

案例 2-3

米老鼠的诞生

迪士尼年轻的时候，为了理想在美国堪萨斯城谋生，后来他失业了。原来他和妻子住在一间老鼠横行的公寓里。失业后，因付不起房租，夫妇俩被迫搬出了公寓。一天，两人呆坐在公园的长椅上，正当他们一筹莫展时，突然从迪士尼的行李包中钻出一只小老鼠。望着老鼠机灵滑稽的面孔，夫妻俩感到非常有趣，忘记了烦恼和苦闷，心情一下子就变得愉快了。这时，迪士尼头脑中突然闪过一个念头，对妻子惊喜地大声说道："好了！我想到好主意了！世界上有很多人像我们一样穷困潦倒，他们肯定都很苦闷，我要把小老鼠可爱的面孔画成漫画，让千千万万的人从小老鼠的形象中得到安慰和愉悦。"于是，在1928年，风靡世界数十年之久的"米老鼠"就这样诞生了。

（资料来源：作者根据相关资料整理）

（3）触发灵感。触发灵感是指在接触相关或是不相关的事物时，在头脑中突然闪现所思考问题的答案或是启示。在怡人的自然环境中，在赏心的人文环境中，在激情的活动中，人们受环境影响，在大脑中沉淀已久的信息会特别活跃地涌现出来，产生灵感。例如，唐朝诗人李贺常在野外散心时想出好的诗句；莫扎特发现驾车出游或饭后户外散步是自己寻找作曲灵感的最好办法。

（4）逼发灵感。逼发灵感是指在紧迫的情况下，情急生智，头脑中突然闪现出解决问题的答案或是启示。

案例 2-4

自来水笔的诞生

1884年，沃德曼从多位竞争者中为自己的公司拉到一笔生意。但是当他递上一瓶墨水和一支当时人们使用的羽毛笔，请对方在合同上签字时，不料从笔尖滴下几滴墨水，把合同弄脏了。更糟糕的是，合同上的关键字句被染得模糊不清。沃德曼只得请对方稍等片刻，让他去重新拿一张合同纸来。可就在沃德曼离开的那一会儿，另一家公司的业务员趁机抢走了这笔生意，这令沃德曼十分沮丧。他认为问题出在那支羽毛笔上。强烈的悔恨与愤慨，变成了巨大的力量，他决心研制一种使用方便、墨水能自动均匀流出的笔。于是，他放弃了当时所从事的工作，开始潜心研究自来水笔。经过努力，沃德曼终于发明了自来水笔。虽然当时的自来水笔远远不如现在的钢笔那样精巧，但也不再像羽毛笔那样使用不便和容易滴出墨水。由于沃德曼研制自来水笔的缘由，因此有人把自来水笔叫作"盛怒之后的发明"。此后，又有人对沃德曼的发明进行了改进，将加装墨水的滴管改成了能自动吸墨水的胶皮软管，使用起来也就更加方便了。

（资料来源：作者根据相关资料整理）

3. 培养灵感思维的方法

（1）观察分析。在进行科技创新活动的过程中，自始至终都离不开观察分析。观察，不是一般地观看，而是有目的、有计划、有步骤、有选择地去观看和考察所要了解的事物。通过深入观察，可以从平常的现象中发现不平常的东西，可以从貌似无关的东西中发现相似点。在观察的同时必须进行分析，只有在观察的基础上进行分析，才能引发灵感，形成创造性的认识。

💎 案例2-5

气泡室的发明

1952年的一天，美国著名物理学家格拉塞在紧张工作之余到酒吧喝啤酒放松，他看见新打开的啤酒瓶内冒出了大量气泡，当气泡逐渐减少后，摇动酒瓶又出现了一些气泡，格拉塞有了灵感，随手捏起一些固体粉末投入啤酒瓶中，在它们下沉的路线周围也不断出现气泡，这些气泡很清晰地显示出颗粒下沉的轨迹。

格拉塞回到实验室后，把这偶然得到的灵感运用到探测带电粒子的研究中，发明出世界上第一个气泡室，并在乙醚泡中显示了宇宙射线中粒子的路径。

气泡室在高能物理研究中起到至关重要的作用，人们借助它与高能加速器联用发现了许多基本粒子及一百多种共振态。由于对高能物理学的杰出贡献，格拉塞在1960年荣获诺贝尔物理学奖。

（资料来源：作者根据相关资料整理）

（2）启发联想。新认知是在已有认知的基础上发展起来的。旧与新或已知与未知的联接是产生新认知的关键，要创新就需要联想，以便从联想中受到启发，引发灵感，形成创造性的认识。

案例 2-6

爱因斯坦的思考

1895 年，爱因斯坦就开始思考：如果以光速追踪一条光线，会看到什么？他反复地思考这个问题，但多年来一直没能解决。1905 年的一天早晨，他起床时突然想到：对于一个观察者来说，以光速追踪一条光线是同时发生的两件事情，而对于别的观察者来说就不一定是同时的，他很快地意识到这是个突破口，并牢牢地抓住了这一"闪光"的灵感。

（资料来源：作者根据相关资料整理）

（3）实践激发。实践是创造的阵地，是灵感产生的源泉。在实践激发中，既包括现实实践的激发又包括过去实践体会的升华。各项科技成果的获得，都离不开实践需要的推动。在实践活动的过程中，迫切解决问题的需要就促使人们去积极地思考问题，在实践中思考问题、提出问题、解决问题，是一种激发灵感的好方法。

（4）激情冲动。积极的激情，能够调动全身心的巨大潜力去创造性地解决问题。在激情冲动的情况下，可以增强注意力、丰富想象力、提高记忆力、加深理解力。从而使人产生一股强烈的、不可遏止的创造冲动，并且表现为自动地按照客观事物的规律行事。这种自动性，是建立在准备阶段经过反复探索的基础之上的。这就是说，激情冲动，也可以激发灵感。

（5）判断推理。判断与推理有着密切的联系，这种联系表现为推理由判断组成，而判断的形成又依赖于推理。推理是从现有判断中获得新判断的过程。因此，在科技创新的活动中，对于新发现或新产生的物质的判断，也是激发灵感、形成创造性认识的过程。

2.2.5 直觉思维

1. 直觉思维概述

直觉思维，是指对一个问题未经逐步分析，仅依据内因的感知迅速地对问题答案作出判断、猜想、设想，或者在对疑难问题百思不得其解之时，突然有的"灵感"和"顿悟"，甚至对未来事物的结果有"预感""预言"等。直觉思维是一种心理现象，在创造性思维活动的关键阶段起着极为重要的作用。直觉思维是完全可以有意识地训练和培养的。直觉思维具有以下五个主要特点：

（1）直接性。直觉思维的基本特征是思维过程与结果的直接性。直觉思维是一种直接领悟事物的本质或规律，而不受逻辑规则所束缚的思维方式。它不依赖于严格的证明过程，是以对问题的总体把握为前提，以直接的、跨越的方式直接获取问题答案的思维过程。正因为如此，许多哲学家和科学家在谈到直觉时，常常把它与"直接的知识"放在一起。

（2）突发性。直觉思维的过程极短，稍纵即逝，其所获得的结果是突如其来和出乎意料的。人们对某一问题冥思苦想，却不得其解，但往往在不经意间突然顿悟问题的答案，或瞬间闪现具有创造性的设想。例如，著名的"万有引力定律"就是牛顿在苹果园休息时，观察到苹果掉落的现象而突然顿悟发现的。

（3）非逻辑性。直觉思维不是按照通常的逻辑规则按部就班进行的，它既不是演绎式的推理，也不是归纳式的概括。直觉思维主要依靠想象、猜测和洞察力等非逻辑因素，直接把握事物的本质或规律。它不受逻辑规则的约束，常常是打破既有的逻辑规则，提出一些反逻辑的创造性思想。例如，爱因斯坦提出的"追光悖论"。它也可能压缩或简化既有的逻辑程序，省略中间烦琐的推理过程，直接对事物的本质或规律作出判断。

（4）或然性。直觉思维是非必然的，它具有或然性，既有可能正确，也有可能错误，这对于任何人来说都是如此。虽然直觉思维能力较强的科学家正确的概率较大，但也可能出错。许多科学家都承认这一点，爱因斯坦在高度评价直觉在科学创造中的作用时，也没有把它看作万能药。他在1931年回答挚友贝索提出的问题时说：我从直觉来回答，并不囿于实际知识，因此，大可不必相信我。

（5）整体性。在直觉思维过程中，思维主体并不着眼于细节的逻辑分析，而是对事物或现象形成一个整体的智力图像，从整体上识别出事物的本质和规律。

据研究，在个体的思维发展中，最初产生的就是直觉思维。作为思维的原始形态，无论对于人类的整体还是个体，直觉思维都具有开创性的意义。随着年龄的增长，个体逐步建立起更为复杂的思维系统，但是直觉思维并没有消失，而是被内化为一系列的抽象符号，直觉思维被整合到新的思维模式之中。缺乏直觉思维就无法形成良好的形象思维，也就难以形成更为复杂的抽象逻辑思维。在思维发展的过程中，直觉思维作为思维的基本形态，仍然对个体的复杂思维起着重要的支持作用。许多形象思维，仍然要借助直觉思维才能得到验证。许多创造性思维，必须借助直觉动作才能得到有效的反馈，完全脱离直觉动作的思维，是不可想象的。

2. 直觉思维的类型

由于直觉思维既与主体对有关知识的积累相关，又与所要解决的问题相关，这就决定了直觉类型的多样性。一般而言，直觉可以分为经验直觉、知性直觉和理性直觉三种形式。

（1）经验直觉。经验直觉是一种未经理性抽象而直接呈现给经验主体的现象或操作过程等。因而，经验直觉具有感性确定性。正如黑格尔在《精神现象学》中所描述的那样，这种感性确定性在内容上"显得好像是最丰富的知识，甚至是无限丰富的知识。对于这种无限丰富的内容，无论我们追溯它通过空间和时间而呈现给我们的广度，或我们从这种丰富的材料中取出片段，通过深入剖析去钻研它的深度，都没有极限。此外，感性确定性又好像是最真实的知识；因为它对于对象还没有省略掉任何东西，而对象整个地、完备地呈现在它面前。"然而，这种确定性所提供的真理仅仅包含着这一事物的存在，只是一个"纯自我"，即只包含该事物的特殊性，不带有普遍性；不包括由此及彼、由表及里的相互关联性。因而，"这种确定性所提供的也可以说是最抽象、最贫乏的真理"。这种经验直觉还能上升到更高的层次——

知性直觉。

（2）知性直觉。"知性是人类特有的抽象与概括能力的表现，是从事实证科学研究的方法论的灵魂，是高级的人类辩证的哲学思维不可缺少的基础。"因而，知性直觉是主体对科学发现和科学研究过程中特有现象或特有的思维程序的概念和规律的把握。在时间上，这种知性直觉的确定性强调的是当下性；在空间上，它则强调事物或现象存在的相对稳定性。如果说在经验直觉中由于未省略掉对象的任何东西，因而它呈现给人们以无限丰富的内容的话，那么在知性直觉中则更多的是以超越经验直觉的感性的概念和规律为其存在方式。知性概念消除了普遍与个别的对立，超越了感观世界，进入了超感观世界。知性规律的本质在于"它所发现的事实上只是规律概念本身。"它扬弃经验直觉的杂多性，达到了抽象的普遍性。

（3）理性直觉。理性直觉是指思维主体对思维对象的观念统摄或对其本质与规律的整体把握。前者称为思辨理性直觉，后者称为辩证理性直觉。就思辨理性直觉而言，它是用概念系统来统摄事物或现象的本质与规律。思辨理性直觉固然有其理论上的深刻性、思维上的深邃性和对事物与现象把握的深沉性，但由于它往往颠倒了概念与事物及其本质与规律的关系，即认为概念是真实的存在，而事物及其本质与规律只是概念的外化而已，因而便陷入唯心主义思维方式之中。再就辩证理性直觉而言，它是指用唯物辩证的方法，从理性的高度对事物与现象的本质和规律进行统摄。因为辩证思维是反映客观事物辩证规律的理性认识，是对客观思维及其辩证规律反映的过程和成果。由于"辩证法是现实世界中一切运动、一切生命、一切事业的推动原则"，同时"辩证法又是知识范围内一切真正科学认识的灵魂"，由于辩证思维运用了辩证法，便超越了知性思维阶段概念、判断、推理的界限，从而使概念本身成为多种规定性的统一，判断则是概念的展开，推理则是概念的实现和发挥，进而更能真实地反映事物之间的联系、变化和发展的规律。

3. 培养直觉思维的方法

（1）获取广博的知识和丰富的生活经验。在前面已经指出，直觉的产生不是无缘无故、毫无根基的，它是凭借人们已有的知识和经验才得以出现的，因此，直觉往往比较偏爱知识渊博、经验丰富的人。从这种意义上说，获取广博的知识和丰富的生活经验是直觉强化的基础。

案例 2-7

居里夫人与镭

法国科学家贝克勒尔在检查一种稀有矿物质"铀盐"时，发现了一种"铀射线"，人们称其为贝克勒尔射线。贝克勒尔发现的射线，引起了居里夫人极大的兴趣，射线放射出来的力量是从哪里来的？居里夫人了解到当时欧洲所有的实验室还没有人对铀射线进行深入的研究，于是决心亲自研究。

在研究过程中，居里夫妇克服了人们难以想象的困难，为了心中的理想奋斗着。居里夫人接受过高等化学教育，具有丰富的化学知识。她在研究铀盐矿石时想到，没有什么理由可以证明铀是唯一能发射射线的化学元素。她根据门捷列夫的元素周期表中排列的元素，逐一进行测定，很快发现含钍元素的化合物，也能自动发出射线，与铀射线相似，强度也相像。居里夫人认识到这种现象绝不只是铀的特性，必须给它起一个新名字。之后，居里夫人提议将铀、钍等有这种特殊"放射"功能的物质，叫作"放射性元素"。对大量能够收集到的矿物进行测定之后，居里夫人发现一种沥青铀矿的放射性强度比预计的强度大得多。经过仔细的研究发现，这些沥青铀矿中铀和钍的含量达不到她观察到的放射性的强度。这种反常的而且过强的放射性是哪里来的？只能有一种解释：这些沥青矿物中含有一种少量的比铀和钍的放射性作用强得多的新元素。居里夫人在以前所做的试验中，已经检测过当时所有已知的元素了。居里夫人断定，这是一种人类未知的新元素。居里夫妇继续着对未知元素的探索。在潮湿的工作室里，经过居里夫妇的合力攻关，1898年7月，他们宣布发现了这种新元素，它比纯铀放射性要强400倍。为了纪念居里夫人的祖国——波兰，新元素被命名为钋（波兰的意思）。1898年12月，居里夫妇又根据试验事实宣布，他们又发现了第二种放射性元素，这种新元素的放射性比钋还强，他们把这种新元素命名为"镭"。

（资料来源：作者根据相关资料整理）

（2）学会倾听直觉的呼声。直觉思维凭借的是"直接的感觉"，但又不是感性认识。直觉需要人们去细心体会、领悟，去倾听它的信息、呼声。当直觉出现时，应顺其自然，做出判断、得出结论。

（3）要培养敏锐的观察力和洞察力。直觉与人们的观察力及视角息息相关。观察力敏锐的人，直觉出现的概率更高，直抵事物本质的效果更明显，因此，要有意识地培养自己的观察力，特别是对印象、感觉、趋势、情绪等无形事物的观察力。

（4）真诚、客观地对待直觉。直觉虽然是凭借人们已有的知识及经验，凭"直接的感觉"产生的，但常常会受到客观环境的影响及个人情绪的干扰。特别是后者，当一个人处在某种情绪中，如猜忌、埋怨、愤怒等时，直觉的判断就有可能失去客观性，因此，应真诚地对待直觉，产生直觉的过程要尽量排除各种影响和干扰，出现直觉以后，还要回过头来冷静地分析其客观性。

2.2.6 联想思维

1. 联想思维概述

联想思维是指由一项事物的概念、方法、形象想到另一项事物的概念、方法和形象的心理活动。比如，从红铅笔到蓝铅笔，从写到画，从画圆到印圆点，从圆柱到筷子。联想可以很快地从记忆里搜索出需要的信息,通过事物的接近、对比、同化等,把许多事物联系起来思考,开阔思路,加深对事物之间联系的认识,并由此形成创造构想和方案。

联想是开启人们思路、升华人们思想的导火索和催化剂,没有广泛而丰富的联想,就不可能促进科学技术的巨大飞跃。研究和实践证明,人们联想能力的跨度是很大的,两个风马牛不相及的事物,只要在它们之间加上几个环节,就能实现联系。这种大跨度的联想思维能力,往往具有很强的创造力,对人们拓展思路、寻求新对策、谋求新突破是大有帮助的。

联想思维具有以下特征:

(1)连续性。联想思维的主要特征是由此及彼、连绵不断地进行,可以是直接地,也可以是迂回曲折地形成闪电般的联想链,而联想链的首尾两端往往是风马牛不相及的。心理学家哥洛万斯和斯塔林茨曾用实验证明,任何两个概念都可以通过四五个步骤建立起联想的关系。例如,木头和皮球是两个风马牛不相及的概念,但可以通过联想的媒介,使它们发生联系:木头—树林—田野—足球场—皮球。又如,天空和茶:天空—土地—水—喝—茶。因此联想有广泛的基础,它为思维的运行提供了无限广阔的空间。

(2)形象性。由于联想思维是形象思维的具体化,其基本的思维操作单元是表象,是一幅幅画面。因此,联想思维和形象思维一样,具有鲜明的形象性。

案例2-8

永乐大钟

永乐大钟是中国现存最大的青铜钟,铸造于明永乐年间。万历三十五年(1607年),大钟被移到万寿寺。清雍正十一年(1733年)移置觉生寺(今称大钟寺)。

明朝时期没有吊车,万寿寺里那个46.5吨重、近7米高的大钟是如何被移到大钟寺并悬挂起来的呢?古人用智慧解决了这个难题。当时的人们从万寿寺开始,一直到大钟寺,每隔250米左右,打上一眼井,冬天用井水将路泼成冰道,用在冰道上拖拉的办法,将大钟拉到了大钟寺。然后再用堆土的办法,将大钟一点点地抬高,而在土堆下面,人们事前已筑好了钟座,四周有6根柱子和大梁,将柱子立好后架上大梁,把大钟悬挂在大梁,之后再将大钟下面堆的土一点点地清除掉。这样,46.5吨重的永乐大钟就悬挂成功了。

(资料来源:作者根据相关资料整理)

(3)概括性。联想思维可以很快地把联想到的思维结果呈现出来,而不管其细节如何,有很强的概括性。

2. 联想思维的类型

(1)相似联想。相似联想是指由某一事物或现象想到与它相似的其他事物或现象,进而产生某种新设想。

案例 2-9

屎壳郎与耕作机

四川农民姚岩松意外地发现屎壳郎能滚动一团比它自身重几十倍的泥土,却拉不动相对轻得多的一块泥土。他曾开过几年拖拉机,于是联想到:能不能学一学屎壳郎滚动泥土的方法,将拖拉机的犁放在耕作机身动力的前面,而把拖拉机的动力犁放在后面呢?经过实验,他设计出了犁耕工作部件前置、单履带行走的微型耕作机,以推动力代替牵引力,突破了传统的结构设计。

(资料来源:作者根据相关资料整理)

(2)接近联想。接近联想是指根据事物之间在空间或时间上的彼此接近进行联想,进而产生某种新设想的思维方式。

(3)对比联想。对比联想是指根据事物之间存在的不同或彼此相反的情况进行联想,从而引发出某种新设想的思维方式。

案例 2-10

风浪中行驶的怪船

古代有个叫赵明的县衙捕头,精明能干,善于观察。有一次,他带了几个衙役在河边巡视,忽然起了大风。这时,迎面驶来了一条木船,船上货物并不多,却行驶得十分吃力。这引起了赵明的注意。他略加思考之后,决定上船查看。几个衙役在船舱里仔细搜查了一番,也没有看出什么门道来。赵明提出要打开船板看看舱底,船主惊慌起来,但又不能不照办,打开舱底一看,里面果然藏了不少东西。经过当场审讯,证实了船主舱底的货物正是赵明所要追查的一批赃物。

(资料来源:作者根据相关资料整理)

(4)因果联想。因果联想是指由于两种事物存在因果关系而引起的联想。这种联想往往是双向的,既可以由起因想到结果,也可以由结果想到起因。它源于人们对事物发展变化结果的经验性判断和想象,触发物和联想物之间存在一定的因果关系,如看到蚕蛹就想到飞蛾,看到鸡蛋就想到小鸡。

案例 2-11

DDT 与老鼠

在婆罗洲发生过这样一件事情:人们为了消灭虫害,大范围喷洒了大量DDT(一种杀虫剂,由于对环境污染严重,目前很多国家和地区已经禁用),导致许多家蝇被杀死,小蜥蜴因吃家蝇中毒，猫又因吃了中毒的小蜥蜴而大批死亡，地下老鼠因此活跃起来，给农作物生长和人们的生活造成了很大的危害，人们不得不从外地运来大批猫以控制老鼠数量。

这个事例就是因与果的连续转换过程，即DDT是家蝇死亡的原因，家蝇死亡是喷洒DDT的结果；蜥蜴中毒是吃家蝇的原因，家蝇是引起蜥蜴中毒的结果；蜥蜴中毒是引起猫死亡的原因，猫死亡是吃蜥蜴的结果；大批猫和蜥蜴的死亡是老鼠活跃的原因，老鼠活跃是猫死亡的结果等。这就是因与果的转换性，世界上不存在无原因的结果，也没有无结果的原因。一种事物或现象的存在，既是以前事物或现象产生的结果，又是以后事物或现象发生的原因。

（资料来源：作者根据相关资料整理）

（5）飞跃联想。飞跃联想就是在看上去没有任何联系、相距甚远的事物之间形成联想，以引发某种新设想。这种联想的能力在我国古典诗词中有着充分的表现。李煜的《虞美人》中有"问君能有几多愁，恰似一江春水向东流"的诗句，这里就用"一江春水"来联想、形容愁的"几多"。曹植的《七步诗》中的"煮豆燃豆萁，豆在釜中泣。本是同根生，相煎何太急"，寥寥数语，把兄弟之间的相互残杀刻画得形象逼真。

（6）强制联想。强制联想是苏联心理学家哥洛万斯和塔斯林茨发现的，它是运用强制性连接方式以产生创造性构想的方法，又称焦点法。其执行方式是先选择欲改善的焦点事物，多方罗列与焦点无关的事物，然后强行将列举事物与焦点对象结合，最后，选择最佳方案。

3. 探索联想思维的方法

探索联想思维的方法主要有类比法和移植法。

（1）类比法。

①类比法的定义。类比法是指把陌生的对象与熟悉的对象、未知的东西与已知的东西进行比较，从中获得启发而解决问题的方法。类比法的基本原理是类比推理，根据对某一对象的成分、结构、功能、性质等特性的认识，推导出当前要解决问题的可能性的设想。

②类比法的实施。

a. 直接类比：根据原型的启发，直接将一类事物的现象或规律用到另一类事物上。例如，古时候的换马驿站与电报看起来没有什么关系，但是，电报信号由一地传到另一地时，信号会不断衰减，严重影响了通信。当塞缪尔·摩尔斯在试图找出如何产生一种可以长距离接收到足够强的信号而被难住时，他由长途奔波而疲劳的马在一个驿站被替换，而联想到电报站发出的电报信号也可以通过在中途设立信号增强站，从而使信号不至于逐渐衰减。

b. 仿生类比：即类比生物结构、功能或原理而产生新成果。例如，科学家根据鸟的飞翔特点研制出飞机；根据鹰和青蛙的复眼制造电子蛙眼；根据鱼在水中游的特点制造出各种船舶，等等。

c. 因果类比：根据某一事物的因果关系推出另一个事物的因果关系，而产生新的成果。

d. 对称类比：利用对称关系进行类比而产生新成果。

（2）移植法。

①移植法的定义。移植法是指把某一事物的原理、结构、方法、材料等转移到当前研究对象中，从而产生新成果的方法，是各种理论和技术之间的转移。移植法一般是把已成熟的成果转移到新的领域，用来解决新问题，因此，它是现有成果在新情境下的延伸、拓展和再创造。

②移植法的实施。

a. 原理移植：就是将某种科学技术原理转用到新的研究领域。例如，电子语音合成技术最初用在贺卡上；后来就把它用到了倒车提示器上；又有人把它用到了玩具上，出现会哭、会笑、会说话、会唱歌、会奏乐的玩具，当然还可以将其用在其他方面。

b. 结构移植：就是将某事物的结构形式和结构特征转用到另一个事物上，以产生新的事物。例如，将缝衣服的线移植到手术中，出现了专用的手术线；将用在衣服鞋帽上的拉链移植到手术中，取代用线缝合的传统技术，"手术拉链"比针线缝合快10倍，且不需要拆线，大大减轻了患者的痛苦。

c. 方法移植：就是将新的方法转用到新的情景中，以产生新的成果。例如，香港中旅集团有限公司总经理马志民赴欧洲考察，参观了融入荷兰全国景点的"小人国"，回来后就把荷兰"小人国"的微缩处理方法移植到深圳，将华夏的自然风光、人文景观融于一体，集千种风物、万般锦绣于一园，建成了具有中国特色和现代意味的"锦绣中华"，开业以来游人如织，十分红火。

d. 材料移植：就是将材料转用到新的载体上，以产生新的成果。例如，用纸造房屋，经济耐用；用塑料和玻璃纤维取代钢来制造坦克的外壳，不但减轻了坦克的重量，而且具有避开雷达的功能。

实施移植法的思路一般有两种：一是从现有的成果出发去寻找新的载体，以有所创新，这种思路属于成果推广型移植。二是从问题出发去寻找其他现有成果以解决问题，这种思路属于解决问题型移植。

2.2.7 侧向思维

1. 侧向思维的定义

侧向思维又称旁通思维，是发散思维的另一种形式，这种思维的思路、方向不同于正向思维、多向思维和逆向思维。正向思维遇到问题，是从正面去想，但是侧向思维则是避开问题的锋芒，从侧面去想，是在最不打眼的地方，也就是次要的地方，多做文章，把它挖掘出来，并把它的价值扩大，往往会有意想不到的效果。通俗地讲，侧向思维就是利用其他领域里的知识和资讯，从侧向迂回地解决问题的一种思维形式。

侧向思维是受到主体有力控制的思维方式，对思维采取允许失败的宽容态度，因此好奇、想象、机遇，乃至游戏都可以在思维过程中发挥作用。从本质上说，侧向思维是感知过程与思维过程的结合，在创造活动中是一种行之有效的、重要的思维方法。

侧向思维具有以下特征：

（1）启发性。逻辑思维是一种重分析的传统科学思维，思维与分析过程有其定势，须在限定的范围内进行；虽然逻辑思维能对事物产生深入的认识，但也会把人的"眼光"限制在固定的领域而缺少活力。侧向思维的注意力是分散的，可以接受多维信息流的启发、诱导，突破固定的思维形式，形成一种启发性思维。

（2）跳跃性。侧向思维属于非逻辑性思维，在思维过程中可以避开主导思想，向空间发展，寻求原本不会注意的其他思路（侧向）。作为解决问题的技巧，可采取迂回策略，突破人们认识上的局限，激发直觉、灵感、顿悟的产生，获得新的认识。这种打破常规的思维，即跳跃性思维，更适用于解决必须打破常规的新问题。应当指出的是，侧向思维的结果还是要按照规则检验的。

案例 2-12

李四光提出"地应力"

李四光是我国杰出的科学家、地质学创始人。有一次，他看见家里的小狗跟着小猫钻墙洞，但怎么也钻不进去，急得汪汪直叫，他的女儿跑来赶狗，李四光笑着说："你是否学学牛顿，在这个洞口的旁边再开一个阿龙（狗名）可以通过的大一点的门呢？"一提到牛顿，当时正在进行地质力学研究的李四光受到启发，想起了反作用力，从而提出了"地应力"这个概念。

（资料来源：作者根据相关资料整理）

（3）意外性。侧向思维是为了建立新的思维模式，新模式不可能来自系统内部，只能寻找外来信息，以改变旧的模式，带来新的希望。思维主体在实际过程中，旨在多方向探索可能的结果，即使求得的结果可行性只有 1/10，只要有一个是正确的，也是意外的收获。任意角等分仪的发明，就是运用侧向思维的结果。

2. 侧向思维的形式

在日常生活中人们在思考问题时"左思右想"，说话时"旁敲侧击"，这就是侧向思维的形式之一。在视觉艺术思维中，如果只是顺着某一思路思考，往往找不到最佳的感觉，始终不能进入最好的创作状态，这时可以让思维发散，或逆向推理，有时能得到意外的收获，从而促成视觉艺术思维的完善和创作的成功。这种情况在艺术创作中非常普遍。

逆向思维是超越常规的思维方式之一。按照常规的创作思路，有时作品会缺乏创造性，或是在别人的后面亦步亦趋。当陷入思维的死角不能自拔时，不妨尝试运用逆向思维，打破原有的思维定势，反其道而行之，开辟新的艺术境界。古希腊神殿中有一个可以同时向两面观看的两面神。无独有偶，我国的罗汉堂里也有半个脸笑、半个脸哭的济公和尚。人们从这种形象中引申出"两面神思维"方法。依照辩证统一的规律，进行视觉艺术思维时，可以在常规思路的基础上作一逆向型的思维，将两种相反的事物结合起来，从中找出规律。也可以按照对立统一的原理，置换主客观条件，使视觉艺术思维达到特殊的效果。

3. 探索侧向思维的方法

侧向思维信息来源颇多，在纷繁的信息中，采用恰当的方式、方法，理顺思维线索，更有益于思维的突破，获得创造成果。比较典型的侧向思维方法主要有直接定向强方法、无定向探试弱方法、趋势外推法、寻求诱因法等。

（1）直接定向强方法。在改变思维方向的过程中，可以根据以往的知识和经验或某一指导原则，判断出解决某一问题的方向，于是撇开其他方向，敏锐地直接选择这一方向进行思考和研究的思维方法。这种典型的侧向思维方法被称为直接定向强方法。

问题的侧向拓展往往伴随着对真正问题的界定，即上升问题的层次。以厕所改造问题为例，最早的问题是改造厕所，但是假如把这一问题上升一个层次，就会发现"等待上厕所的烦躁"才是根本问题，那么厕所的空间狭小和必须改造厕所只能算是这一问题的体现方式之一，而以其他方式（如张贴招贴画）让人不烦躁，也同样可以达到目标。通过这些方式将问题向侧面拓展，也不失为一种好的解决问题的方法。

（2）无定向探试弱方法。在人类历史的早期或人类刚刚涉足的领域，人们往往在没有经验指导或缺乏足够专业知识的条件下，不得不在多种可能性之间进行反复地比较、分析、试错、修正，最后筛选出解决问题所需信息的思维方法。这种方法，被称为试错方法或无定向探试弱方法。

无定向探试弱方法以尝试和易变为特征，思维效率不一定高，有时还要冒风险，但选择信息的回旋余地大，运用得当，常有突破性的创造。

无定向探试弱方法常用于那些久久徘徊于脑海中的非常规的、高难度的创造性课题。面对这类课题，许多常规的、定向的思维方法难以奏效，不得不把它转交给无定向探试弱方法，通过不断地摸索，取得突破性的创造。

值得注意的是，无定向探试弱方法虽然是一种试探性的、自由度很高的思维方法，但使用该方法绝不等于可以无根据地盲目冒险，否则将一事无成。

（3）趋势外推法。趋势外推法又称趋势外括法或趋势分析法，属于探索型预测的思维方法。

趋势外推法的前提是过去发生的某一件事情，如果没有特殊的情况，在将来仍会继续发生。它依据事物从过去发展到现在再发展到未来的因果联系，认为人们只要认识了这种规律，就可以预见未来。正因为如此，在运用趋势外推法时，对于事物的未来环境并不做具体的规定，而是基于这样一种假说，即影响过去时期发展的主要因素和趋势，在推测时期是基本不变的，或其变化的趋势和方向是可以预测的，因而未来仍将按从过去到现在的趋势发展下去，人们也就可以从现实的可能出发，从现在推测未来。

趋势外推法是以普遍联系为理论根据的。根据普遍联系的观点，客观世界的事物都是相互联系、彼此影响的。从横向看，每一事物都处于普遍联系的链条中，认识和把握其中一个环节，就可以认识到其他的事物；从纵向看，每一事物都有其自身发展的历程，即都有过去、现在和将来的发展过程。趋势外推法有两个方面要注意：

第一，趋势外推法一般从横向联系来预测事物发展的趋势。

第二，要更好地实现侧向思维，仅仅依靠趋势外推法是远远不够的，通过加强外界刺激促进思维方向的转移是有效的策略，而要更好地加强外界刺激就要寻求诱因。

（4）寻求诱因法。寻求诱因法是指以某种信息为媒介，从而刺激、启发大脑产生灵感的创造性思维方法。寻求诱因法往往是以某个偶然事件（信息）为媒介，通过刺激大脑而产生联想，豁然开朗，迸发出创造性的新设想而解决问题的。当对一个问题百思不得其解时，诱发因素是极其重要的，所谓"一触即发"，就包含了诱因的媒触作用。诗仙李白的诗人人皆知，他的许多佳句都是在饮酒时创作的，因此有"李白斗酒诗百篇"之说，饮酒在这里就是一种诱因。

案例2-13

X射线

X射线的发现，是物理学上的一项重大突破。在19世纪末，物理学中的力学、热学、光学和电磁学都已经建立了比较完整的理论体系。而X射线的发现，引发了一系列重大发现，揭开了现代物理学的序幕。它的发现者威尔姆·康拉姆·伦琴获得了1901年的诺贝尔物理学奖。X射线是物理学家伦琴在用真空管产生阴极射线时偶然发现的。据他本人回忆，1895年11月，他在连续进行几天的阴极射线实验之后，突然发现，旁边的亚铂氰化钡纸上产生了一条荧光。按常理说，这种纸只有在受到光线照射时才能产生荧光。现在电子管被黑纸蒙得严严实实的，光线透不出来，为什么还能产生荧光呢？伦琴对这个奇怪现象穷追不舍。他通过多次实验证实，存在一种眼睛看不见的特殊光线，它的穿透力极强，不仅能穿透黑纸，还能透过金属。伦琴又对着他夫人的手，拍出了第一张人体透视照片。这种特殊的光线就是X射线，人们又称为伦琴射线。后来证明，X射线实质上就是波长极短的电磁波。现在它在医疗诊断、海关检查、产品质量检验及许多科学研究领域都有广泛的应用。

在偶然现象中获得的重大发现和发明，这其中凝聚着科学家们敏锐的观察能力和超凡思维。伦琴发现不受光线照射而产生荧光的怪现象时，联想到可能产生了一种超常的射线。这些成功都是面对偶然现象带来的诱因引发的极具创造性的侧向思维。科学史上的记载表明，在伦琴发现X射线之前，汤姆生、勒纳德等几位物理学家都曾遇到过这种现象，但他们都与发现X射线的机会擦肩而过。只有经过长期磨炼，在研究中一贯严谨自觉并摆脱了思维定势的伦琴，抓住了外界诱因赐予的机遇，取得了杰出的新发现。

（资料来源：作者根据相关资料整理）

2.2.8 逆向思维

1. 逆向思维概述

逆向思维也叫求异思维，它是指对人们司空见惯似乎已成定论的事物或观点反过来思考的一种思维方式。简单地说，逆向思维是从相反的方向思考问题，探寻解决问题的方法。逆向思维在现实生活中的作用十分广泛，是创造性思维中最重要的思维形式之一，它强调要从事物的反面或对立面来思考问题。逆向思维与正向思维相对应。正向思维是指人们运用过去的知识和经验，在已有理论的指导下思考问题和解决问题的一种能力或方法。正向思维在人们日常思考和科学研究中起着巨大的作用。但是，由于人们受心理倾向、心理定势的影响，在思考问题时，这次采取一种思路、下次采取同一种思路的可能性就很大。在一连串的思想中，一个个观念之间形成了紧密联系，以至于它们的联结很难破坏，容易使人们形成一种固定的思维模式，即习惯性思维或思维定势，"守株待兔"的寓言故事就是其中一例。

逆向思维则需要突破这种习惯性思路或思维定势，敢于"反其道而思之"，让思维向对立面的方向发展，从问题的相反面深入地进行探索，树立新思想，创立新形象，尤其是一些特殊问题，从结论往回推，倒过来思考，从求解回到已知条件，反过去想或许会使问题简单化。

逆向思维具有以下特征：

（1）普遍性。逆向思维在各个领域、各种活动中都有适用性，由于对立统一规律是普遍适用的，而对立统一的形式又是多种多样的，有一种对立统一的形式，相应地就有一种逆向思维的角度，因此，逆向思维也有多种形式。例如，性质上对立两极的转换，软与硬、高与低等；结构、位置上的互换、颠倒，上与下、左与右等；过程上的逆转，气态变液态或液态变气态、电转为磁或磁转为电等。不论哪种方式，只要从一个方面想到与之对立的另一方面，都是逆向思维。

（2）批判性。逆向是相对正向而言的，正向是指常规的、常识的、公认的或习惯的想法与做法。逆向思维则恰恰相反，是对传统、惯例、常识的反叛，是对常规的挑战。它能够克服思维定势，破除由经验和习惯造成的僵化的认识模式。

（3）新颖性。循规蹈矩的思维和按传统方式解决问题虽然简单，但容易使思路僵化、刻板，摆脱不掉习惯的束缚，得到的往往是一些司空见惯的答案。其实，任何事物都具有多方面属性，由于受过去经验的影响，人们更容易看到熟悉的一面。逆向思维往往出人意料，能给人以耳目一新的感觉。

2. 逆向思维的类型

在实践中，人们经常采用的逆向思维类型主要有反转型、转换型、缺点型等。

（1）反转型。这种方法是指从已知事物的相反方向进行思考，产生新的构思的途径。"事物的相反方向"常常从事物的功能、结构、因果关系三个方面进行反向思维。比如，市场上出售的无烟煎鱼锅就是把原有煎鱼锅的热源由锅的下面安装到了锅的上面，这是利用逆向思维，对结构进行反转型思考的产物。

（2）转换型。这是指在研究问题时，由于解决该问题的手段受阻，而转换成另一种手段，或转换思考角度，以使问题顺利解决的思维方法。

（3）缺点型。这是一种利用事物的缺点，将缺点变为可利用的东西，化被动为主动，化不利为有利的思维方法。这种方法并不以克服事物的缺点为目的，相反，它是将缺点化弊为利，找到新的解决方法。例如，金属腐蚀是一件坏事，但人们利用金属腐蚀原理进行金属粉末的生产，或用于电镀等，无疑是缺点逆向思维法的一种应用。再如，某时装店经理不小心将一条高档裙子烧了一个洞，经理运用逆行思维突发奇想，干脆在小洞的周围又挖了许多小洞，精心修饰成"洞洞裙"，一下子销路顿开，创造了新的商机。

3. 培养逆向思维的方法

首先，在思维活动中，应通过正视事物的矛盾来把握事物。事物都包含着对立的两方面，人们的认识和主观思维必须符合事物的实际，如果只注重一个方面而忽视了另一方面，只看到矛盾的正面作用或正效应，而忽视了矛盾的反面作用或负效应，就会在实践中碰壁。只有看到事物矛盾着的两个方面，在事物对立的两极中思考，才能全面而正确地认识事物，在实践中取得成功。

其次，在思维过程中，通过对事物矛盾的反面进行思考，以达到认识事物、表达思想、进行发明创造和实现科学决策的目的。

各种事物、现象之间既有必然的联系，又有偶然的联系；一种原因可以产生多种结果，在一个主攻方向上久攻不克时，应研究悖逆以往的分析、解决问题的途径，把问题的重点从一个方向转向另一个方向，从而打开一条新的思路。也就是说，当思维在一个方面受阻时，可以从相反的方向试试；反向思考如果不能解决问题，还可以再改换一个角度，另找其他的侧面。圆珠笔漏油问题的解决就充分显示了从事物的反面进行思考的巨大作用。

案例 2-14

圆珠笔漏油问题的解决

1938 年，一位名叫拉斯洛·比罗的匈牙利记者发明了第一支圆珠笔。但由于笔珠磨损导致漏油而未能广泛应用。为了解决这个问题，人们开始按照常规的思维方式进行思考，即从分析圆珠笔漏油的原因入手来寻求解决问题的办法。漏油的主要原因是笔珠受磨损而崩出，油墨就随之流出，因此，人们首先想到的解决方法就是增强圆珠笔的耐磨性。于是按照这个思路，人们在增强圆珠笔笔珠耐磨性的研究上投入了大量的精力，甚至有人想用耐磨性极强的宝石和不锈钢做笔珠。经过反复试验，这种思路又引发了新的问题，即使笔珠的耐磨性很好，但笔芯头部内侧与笔珠接触的部分被磨损，仍然会使笔珠崩出，从而导致油墨流出，漏油的问题还是没有解决。正当人们对漏油问题一筹莫展之时，日本发明家中田藤三郎打破了思维常规，运用逆向思维解决了圆珠笔漏油的问题。他认为不管使用什么材料做笔珠，圆珠笔都会在写到两万多字时开始漏油，那么，解决问题的关键便不是选取什么材料做笔珠，而是控制圆珠笔的油墨量，如果所装的油墨量在漏油前已经用完，不就可以解决漏油的问题了吗？于是他将灌装油墨的小管做得细一点，油墨可少装一些。使所装的油墨量在笔珠将要被损坏前就使用完，漏油的问题迎刃而解。某些看起来难乎其难的问题，有时却会找到一种极其简单的方法。中田藤三郎的发明终于使圆珠笔在全世界流行起来，今天，圆珠笔已成为人们不可缺少的书写工具。

（资料来源：作者根据相关资料整理）

在社会生活中，从反面思考问题，有时是通过利用人们的逆反心理实现的。逆反心理即抗拒心理，也叫心理抵抗，是指人们对某种行为、思想或宣传采取方向相反的态度，或仍保持原来的状态。有人认为，逆向思维与逆反心理无关，这种说法是不全面的，因为逆反心理正好为逆向思维提供了社会心理基础。诸葛亮的"空城计"，也正是在一筹莫展之际，充分发挥逆向思维而获得成功的。司马懿以为诸葛亮向来用兵谨慎，不可能设一座空城，想来城中必有伏兵，赶快撤退。这恰好中了诸葛亮的计策，过后司马懿追悔莫及。

做事情从反面思考，可以弥补只从正面思考的不足。在分析问题、进行决策时，逆向思维的作用不可低估，人们常用"凡事预则立，不预则废"的古训来提醒自己，这里的"预"，也包括把事情反过来想一想的意思。

案例2-15

推销鞋子

有两个推销员同时到一个岛上推销鞋子。他们看到该岛的人全都赤着脚，根本不穿鞋。于是一人向总部发回电报："该岛的人根本不穿鞋，没有销售市场。"而另一人则相反，报告总部该岛目前还没有人穿鞋，极具市场潜力。后来，该公司免费赠送给该岛居民许多鞋子，并且教会他们如何穿用，让岛上的居民逐渐体会到穿鞋的好处，从而占有了整个岛的鞋子市场，大大赚了一笔。

（资料来源：作者根据相关资料整理）

日本丰田汽车公司的第一任老板田章一郎说过："我这个人如果说取得了一点成功的话，是因为我不管对什么问题都倒过来思考，才能不断提出新问题，比别人想得更深、更全面，找出更多的'第二正确答案'。"一位优秀的企业家往往能突破单一的思维定势,找出"第二种正确答案",使企业在竞争中处于不败之地。

总之,运用逆向思维,在优势中要警惕危机,而在危机中又要看到优势的所在;在顺利的环境中要看到逆境的存在,在逆境中再看到顺利的可能;在成功中看到失败的部分,在失败中更要看到成功的基因。富裕和贫穷,团结和分裂,前进与倒退等都是相互渗透、相互依存、相互交融的。

创新思维训练

思考与实践

1. 近一年以来,你有过哪些创新性的想法?请写出最主要的三个。

2. 在上题得出的三个创意当中,有哪些是你付诸行动的?有哪些没有付诸行动?为什么?

3. 回顾一下过去的自己,看看在你头脑中是否有以下阻碍创新认知障碍。如果有,请你做个标记,提示自己。

(1)创新思维不是我等平凡人能做的事情。

(2)创新思维是科学发明家的特权,与我无关。

(3)创新思维存在于高深领域,需要高端的专业知识,日常生活中没有创新思维可言。

(4)我年龄还小,创新思维是在一定基础上的沉淀和升华,等以后再说。

(5)创新思维只存在于理工科等学科领域,与人文学科毫无关联。

4. 思维即兴发挥:四人一组玩词语联想的游戏,其中,任何人可以先说一个词语,可以是能想到的任何词语。左边的人听到这个词语后也要说一个词语,这个词语是基于听到的词语所想出来的任何词语。按照这种模式继续下去,直到被叫停,进行的速度要尽可能快。

第 3 章

创新的来源与实践

学习目标

- 了解创新的来源。
- 掌握企业创新的动因和途径。

思政目标

- 培养学生实事求是的工作态度和敢为天下先的创新精神。

3.1 创新的来源

彼得·德鲁克在《创新与企业家精神》一书中，指出了大多数有效的创新并不是凭空的突发奇想，很可能是有规律和方法可循的，并且提出了关于创新的七个来源。

3.1.1 意外事件

德鲁克认为，没有哪一种来源能比意外成功提供更多创新机遇了。它所提供的创新机遇风险最小，整个过程也最顺利，但是意外成功却几乎完全受到忽视。更糟糕的是，管理者往往主动将它拒之门外。

假如在企业的产品线中，有一种产品的表现要好过其他产品，大大出乎管理层预料，管理者正确的反应应该是什么呢？当万豪还只是一家餐饮连锁企业时，万豪的管理者注意到，他们在华盛顿的一家餐馆生意特别好。经过调查，他们了解到，因为这家餐馆对面是一座机场，当时航空公司不提供餐饮，很多乘客会到餐馆买些快餐带到飞机上。于是，万豪酒店开始联系航空公司合作——航空餐饮由此诞生。

意外的成功可以提供创新机遇，意外失败同样是非常重要的创新机遇来源。福特的埃德赛尔经常被当作新车型的典型失败案例，但大多数人并不了解，正是埃德赛尔的失败为福特公司日后的成功奠定了基础。当此款汽车遭遇失败时，福特当时的管理层并没有把失败归咎于消费者，而是意识到汽车市场正在发生一些变化，认为市场细分不再是依不同收入划分人群，而是出现新的划分方式，即现在所称的"生活方式"。福特在此认知分析调查的基础上，最终推出了野马（Mustang），这款车使公司在市场上独树一帜且重新获得行业领先地位。

需要注意的是，意外的失败不是指掉以轻心导致的失败，而是经过周详计划并努力实践后还是失败了。这样的失败就值得重视，因为分析失败原因的过程，往往会发现事实的变化进而发现创新机遇——可以是公司战略所依据的假设不再符合现实状况，也可以是客户改变了他们的价值和认识……诸如此类的变化都可能带来创新的机遇并带来其他创新来源，如不协调及产业结构和市场结构发生改变等。

3.1.2 不协调事件

不协调是指现状与事实"理应如此"之间的差异，或客观现实与个人主观想象之间的差异，这是创新机遇的一个征兆。这些不协调包括经济现状的不协调，现实与假设的不协调，客户的价值和期望之间的不协调，程序的节奏或逻辑的内部不协调。

集装箱的首次出现便源于行业的假设与现实之间的不协调。20世纪50年代之前，航运业一直致力于降低航运途中的成本效率，争相购买更快的货船，雇佣更好的船员，但成本仍居高不下，导致航运业一度濒临消亡。直到货运集装箱出现，航运总成本下降了60%，航运业才起死回生。

集装箱的发明者用简单的创新解决了现实和假设之间的不协调。航运业当时的重要假定是：效率来自更快的船和更努力的船员，而事实上，主要成本来自轮船在海港闲置、等待卸货再装货的过程中。当方向错了时，越努力就越失败——船开得越快，货装得越多，到港后要等待的时间就越长。

3.1.3 流程需求

实质上，流程需求创新是指寻找现有流程中薄弱或缺失的环节。这种需要既不含糊也不笼统，而是非常具体的，因为肯定有"更好的方法"会受到使用者的欢迎。

比如，巴西阿苏尔航空公司以机票低廉而著称，但却没有更多的巴西人愿意搭乘。经过研究发现，原因在于乘客还需要从家里乘出租车到机场，而这笔费用可能相当于机票的40%~50%，同时又没什么公交系统或火车线路可以完成这样一个行程。换言之，"从家到机场"是顾客流程的一部分，但却没有得到有效的满足。于是，阿苏尔航空决定为乘客提供到机场的免费大巴。如今，每天有3万名乘客预定阿苏尔航空的机场大巴车，阿苏尔航空也成为巴西成长最快的航空公司。

3.1.4 市场和产业结构的变化

行业和市场结构会发生变化，通常是由于客户的偏好、口味和价值在改变。另外特定行业的快速增长也是行业结构变化的可靠指标。

在过去的十几年里，影像行业出现了革命性的技术创新和市场转向，柯达作为全球最大的影像公司，未能赶上潮流，一步步陷入生死存亡的绝境。而事实上，早在1975年，柯达就发明了第一台数码相机，管理层们知道胶卷总有一天会消失，但是不知道什么时候会发生。结果，当市场结构真正变化时，一切都来不及了。这家百年企业的市值蒸发超过90%，不得不于2012年申请破产保护。

历史悠久的公司往往会保护自己已经拥有的，且不会对新手的挑战进行反击。当市场或行业结构发生变化，传统的行业领先企业会一次又一次地忽略快速增长的细分市场，而新的创新机遇往往隐藏在其中。这使得这些大公司在某个时间点会发生覆灭性的变化。很少符合传统的市场方式、界定方式和服务方式。

3.1.5 人口统计数据

人口统计数据不仅仅是人口的总量和规模，人口的总量并不对特定行业的商业需求发生直接作用，人口的组成成分，如年龄结构，哪个年龄段的人占了最大的比重，比人口总量更重要。人口变化还包括受教育的情况、就业的情况、收入的情况。在收入里特别应该重视可支配收入，有一些开支是固定的，比如住房补贴、伙食费、交通费等，是不可节省和挪用的生活成本,而可支配收入就是有多余的钱可以去选择满足自己的兴趣,如旅游、教育等。如果某一个年龄层,是人数最多的、收入最多的或可支配收入最多的,这个年龄层的心态、观念、行为习惯使他们偏好某一方面的消费,那么提供这方面需求的产品或服务就成为重大的创新机会。

人口变化虽然是不可预测的,但这种变化一旦发生,接下来将会带来什么影响,特别是对产业、对市场需求将会造成什么影响,是可以预测。比如出生率的下降,能预测将来上小学的人会减少,教育部门就是根据这个来编制规划,设立小学的数量。现在出生的人6年后肯定是上小学,12年后上初中,间隔时间已经定了。未来什么时候、有多少受过教育的劳动力加入就业市场,这都是可以测定的。所以说,人口统计数据是决策者分析和思考问题的第一环境因素。人口统计数据不仅来自查阅数据,有的时候也来自观察,因为有些变化已经发生了,仍无法充分反映在数据上。比如,从农村涌入城市的人口,尤其是年轻的外来人口,有一定的知识文化,起初他们的消费能力有限,但是假以时日,他们可能会成为城市主要的消费人群之一。

案例 3-1

"90 后""00 后"成新消费主力军

随着中国经济的高速发展,我国的消费结构也在不断升级,在消费升级的浪潮中,被称为"互联网原住民"的"90后""00后"(1990年至2009年出生人群)总人数约为3.7亿。如此庞大的人口基数,蕴藏的消费潜力超乎想象。

商务部研究院的研究指出,"90后""00后"已经成为消费主力军。"90后"开始成为社会中坚力量,且具有稳定的收入;"00后"逐步走向职场,新生代消费群体购买力日益增强,开始成长为消费市场主力,为我国消费市场发展带来前所未有的新机遇。

2022年3月,拼多多发布"2022多多新国潮消费报告"。报告显示,2021年,新国潮、新国货品牌明显加快了上行新电商的步伐,入驻平台的品牌数量同比增长超过270%,并先后涌现出327个过亿品牌(图3-1)。

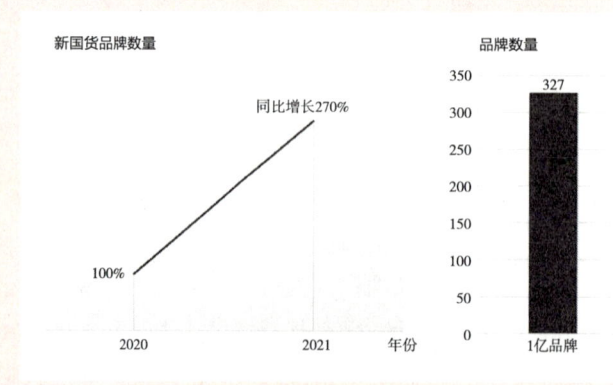

图 3-1 2021年,入驻拼多多的新国货品牌数量同比增长270%

二三线城市订单增幅最快，成国货崛起新动能

2021年，入驻拼多多平台的国货品牌数量和商品数量均实现大幅增长。报告显示，过亿国货品牌数量达327个，其中包括50多个过亿的老字号品牌、30多个过亿的新国货品牌。

与此同时，入驻平台的国货商品数量同比增幅远超品牌数量，达到530%。这也意味着，新国货品牌在不断满足平台用户多样化需求的同时，进一步拓宽了自身的产品结构，创新了产品体系。

在新国货消费区域中，二三线城市超过北上广成为新动能（图3-2）。

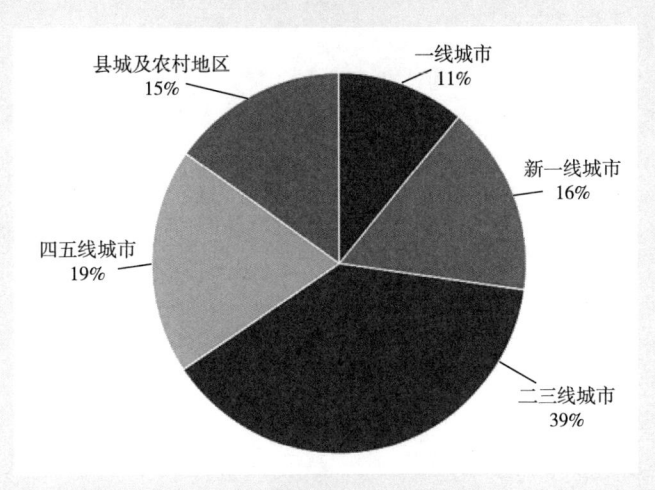

图3-2 "新消费城市"分布情况

在新国货的消费区域中，新一线和二三线城市的增幅最为显著，订单规模占比超过全国的50%。报告显示，一线城市的国货订单量占比达到11%，新一线城市的占比达到16%、二三线城市的占比达到39%，四五线城市的占比达到19%，广大的县城农村地区占比达到15%。

其中，以济南、宁波、南昌、厦门、无锡等为代表的二三线城市，国货订单比2021年增长了近一倍，订单规模是北上广深的3.5倍，是新一线城市的2.4倍，成为国货崛起新动能。

在广大的县城和农村地区，国货订单规模保持稳步增长，但订单金额劲增130%。一方面受益于国家"工业品下乡"的政策扶持，另一方面则是因为县城年轻群体持续高涨的国货消费需求。

在国货消费的城市和省份区域中，上海、广州、北京、重庆、深圳成为新消费城市的TOP 5；广东、河南、山东、江苏、浙江成为新消费的前五大省。其中，重庆作为新一线城市的代表，首次入围TOP 5。广东省的国货订单规模、订单金额均排名榜首，成为名副其实的新消费TOP 1省份。

Z世代偏爱新锐国潮,小镇青年最爱"野性消费"

在新国货的用户群体中,人群年轻化、需求碎片化成为消费趋势。报告显示,"90后"群体的规模最大,占比达到31%,"00后"群体的占比增长至16%,"80后"群体的占比达到22%,"70后"群体的占比达到17%(图3-3)。

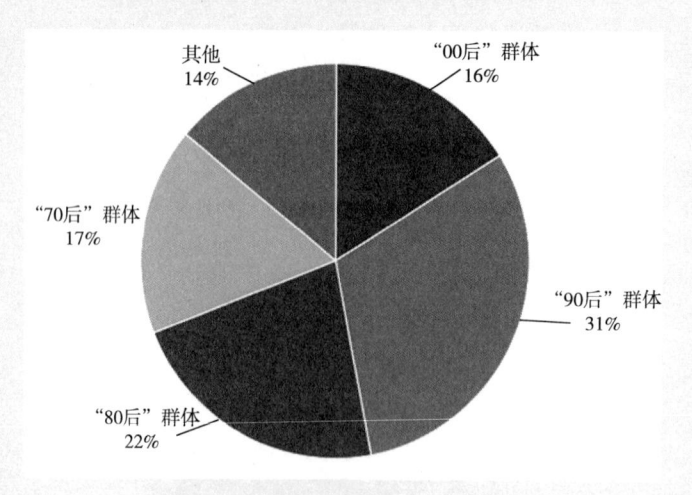

图3-3 "新消费群体"分布情况

此外,"90后"购买国货的数量增幅也最为显著,人均国货拼单量从4件增加至7件,3C、家电、美妆、服饰和母婴成为"90后"主要消费的五大国货品类。不难看出,在成长为社会中坚力量的同时,"90后"也正在接棒"80后"成为新消费的主力军。

在新国货的用户群体中,"90后"的占比达到31%,成为主力军。

从人群属性来看,不同群体能够展现碎片化、多样化的消费需求。例如,都市白领是"颜值经济""悦己消费"的核心人群,最爱美妆、代餐、健身环、精酿和猫粮;中年群体时间充足,偏爱运动、帐篷、钓具等户外用品;精致宝妈在囤购奶粉、尿不湿、洗衣液的同时,也热衷频繁复购国货美妆和护肤产品。

与其他群体相比,Z世代群体的消费偏好则更为跳跃,既热衷尝试新锐国潮,又是民族品牌的忠实拥趸。在美妆、服饰等快时尚产品中,Z世代最爱拼单文创联名款。在李宁、安踏、鸿星尔克、回力、六神等民族品牌中,Z世代群体的消费占比超过25%,成为国货老品牌转型的主要动力源泉。

值得一提的是,在新国货消费中,小镇青年的群体占比达到17%,成为不可忽视的新生力量,其最爱购买的国货TOP 5分别为手机、彩妆、护肤品、蓝牙耳机、扫地机器人。在追求性价比的同时,小镇青年也越来越注重国货商品的品质和消费体验,对于优质的国货产品,小镇青年更愿意"野性消费",因此其消费支出完全不输都市白领。

对于"90后""00后"来说,他们不仅需要拥有丰富的物质生活,还希望精神层面充实。他们喜欢穿汉服、听国潮音乐、逛潮玩展会、吃文创雪糕;喜欢玩剧本杀、开盲盒、搬家式露营;还喜欢吃健康零食、喝新式茶饮、共享出行、享受高端家政服务……随着社交网络等数字技术的崛起，线上线下融合等新商业模式涌现，消费主体、消费偏好、消费形态也经历了一场迭代进化。这部分群体在文化、科技、情感、视觉方面呈现新的需求趋势，多元化的消费意愿更加强烈。

（资料来源：作者根据相关资料整理）

3.1.6 认知和情绪的改变

德鲁克在讲到从观念变化中寻找机会时，强调注意分清什么是真正影响未来的趋势，什么只是一时流行的时尚，如果错把时尚当成趋势，当把某种创新成果推出市场，时尚已经过去了，那么付出的努力就会白费。因此，对正在发生的变化既要敏感地及时行动，以免错失时机，又要细心观察，避免误判。而对鉴别认知和情绪这种不确定的变化时，要注意的是，创新要从小开始，从具体的一点开始，得到验证之后，再扩大规模。

在美国汽车工业时代，亨利·福特根据消费者的反馈，制造出了至今仍占据汽车销量排行榜首位的T型车。但很可惜，他的继承人慢慢忘记了什么是消费者。一直到20世纪90年代中期丰田猛攻美国市场的时候，福特还天真地以为买车的都是男人，而男人更喜欢引擎轰鸣的声音。而丰田早已根据消费者观念的转变，生产乘坐舒适度更高、噪声更小的家用轿车了。

3.1.7 新知识

新知识，特别是科技知识带来的创新是最引人注目的。

新知识的第一个特点是时间跨度长，因为它要经历一个从知识的发明，到变成应用技术，最后被规模化和市场化的过程，这个过程可能是25~35年。第二个特点是通常需要几种不同的知识聚合在一起，才能完成一个创新。如果某项创新所需要的知识不齐备，创新的时机就尚未成熟，需要等待，直至所缺的知识得到补充完善。第三个特点是市场接受度不确定。别的创新都是利用已经发生的变化，创新者自己并不制造变化，他要满足的是一个已经存在的需求。唯独知识创新本身就引起变化，它必须自行创造出需求，所以它风险很大，没有人可以预见使用者对它是接受还是排斥。由此可见，新知识是一个最耗费时间、资源，难度大、风险高的创新来源。

一个典型的案例是喷气式发动机，这一发明早在1930年就取得了专利，但直到1941年才进行首次军事实验，而首架商业喷气式飞机直到1952年才诞生。波音公司最终研发出波音707客机是1958年，也就是喷气式发动机取得专利的28年之后。因为新飞机的研发不仅需要发动机，还需要空气动力学、新材料及航空燃料等多方面技术的融合。

在这7个创新来源中，前4个来源存在于组织的内部，后3个存在于组织的外部。由于后3个发生在组织外部，除非它们以前4个来源的形式反映出来并被业内人员感知，否则常常被忽视，被认为离组织太远。但事实上，后3个的来源更带有根本性，是可以直接被利用来创新的。

　　创新与风险从来就是结伴而行,但是如果企业通过挖掘已经发生的事件进行创新,包括本企业、市场、知识、社会和人口等方面发生的事情,那么这种创新的风险就比没有挖掘这些机会的创新活动小多了。7个创新来源在风险程度、困难度、复杂程度及创新的潜力上也存在不同,而且在一段时期内,其中一个可能会比另外一个表现得更为突出。但总体来说,它们构成了所有创新机遇的大部分来源。对于任何一个创新来源的变化,企业都可以把它看作是一个征兆,是只需少许努力就能发生变化的可靠信号,推动企业创新行为的发生,并提高创新成功的概率。

　　值得注意的是,这7个创新机遇的来源界线相当模糊,彼此之间有相当大的重叠部分。当然,相邻的模糊边界也同样可以带来福利,一旦对边界进行新的探索,之前的边界就会重新扩展,有些来源可能就会重叠,新的组合演变为另一些变化,这就提供了进入可能空间的钥匙。

3.2　企业创新实践

　　随着知识经济时代的来临,创新在企业中的地位变得越发重要,很多企业都把创新能力作为企业的核心能力培养,并把其归结为企业成功的主要因素。传统管理教科书在阐述管理职能时,往往只关注计划、组织、领导和控制等职能,而现今很多管理学教材已经把创新作为管理的一个主要职能与以上四种职能并列讨论,并且在时下流行的战略理论中,无论是资源基础说还是核心竞争力说,无不把企业的创新能力作为企业获取竞争优势的最主要源泉来对待。事实上,一个没有创新能力的企业,根本无法在当今竞争激烈的市场中获取持久的优势。创新,是企业家型管理者的工作手段,也是展现企业家精神的特定工具。能创造出新的资源或使现有资源的财富生产潜力发生改变的任何事情都可以构成创新。因此,创新不一定必须与技术有关,也不一定与新产品或产品的新性能相关,企业创新涵盖了产品创新、制度创新、管理创新等各个方面。

3.2.1　企业创新的动因

　　企业是一个开放性的生态系统,企业的生存和发展离不开外部环境的影响,同时,企业自身也在不断演化,企业内在状态的改变也会对企业提出新的要求。因此,企业创新的动因可以从外部和内部两个方面探求根源。

1. 企业创新的外部动因

　　企业创新的外部动因源于外部环境与企业的矛盾和外部环境变化对企业的需求。一个有创新精神的创业者会时刻关注企业外部环境的变化，并积极地促进企业与环境间的互动，以适应环境，推动企业自身的发展。企业创新的外部动因主要有以下六个方面。

（1）科学技术的发展。科学技术的发展会带来新知识、新技术的涌现，其通过在生产活动中的传播和应用，成为推动企业技术和产品创新的重要力量。熊彼特认为，"发明推动"是产品创新的动力起源，正是技术发明的出现，激发了企业家力图通过其商业应用而获得超额利润的渴望，从而推动技术创新的发展。

（2）市场需求的变化。市场需求是企业创新活动的动力源泉和起点。因为市场是检验创新成果、实现创新价值的最终场所，如果市场不存在这种需求或需求规模不足以使创新者获利，那么创新就失去了意义。市场需求会随着经济和社会发展不断变化，当变化达到一定程度，形成一定规模，就会带来市场的不均衡，从而为企业和创业者提供新的市场机会，并引导企业以此为导向开展创新活动。其引导作用体现在：首先，市场需求可以把科学发明由科学原理转换成技术原理，以及为技术创新课题的提出和形成提供明确的目标和技术目的。其次，市场需求可以为技术发明的完善化和工业化应用提供适用性的前进路标。最后，市场需求为新技术从一个应用领域向其他应用领域的扩散、移植和综合利用提供新的社会前景，为整个产业部门乃至整个市场需求体系的形成、演化和变革奠定基础。

（3）市场竞争。市场需求是企业创新的原动力，而市场竞争则是企业创新的助燃剂。市场需求引发企业为生存和发展而创新，使创新成为可能。市场竞争则促使企业比竞争对手更快、更好地进行更有效的创新活动。市场竞争会迫使企业关注市场信息，更准确地把握创新方向，提高创新速度，迫使企业加强产品创新，以更好地迎合市场需求，同时，竞争还能改变创业者的观念，加强组织和管理创新，以提高企业的运作效率和市场竞争力。

（4）政府行为。政府在产业、科技等方面的政策导向的变化也是企业创新的外部动因之一。政府一般会通过宏观产业政策、科技创新政策、财政税收及公共投资等政策的出台，激励、引导和保护相关企业创新，从而影响企业的创新战略和决策，以实现产业结构调整、行业升级等目的。

（5）社会文化环境。社会结构、社会风俗、社会价值取向等因素的变化，也会在一定程度上促进企业创新行为。例如，社会中接受失败、包容异己的风气的形成及对契约精神的推崇都能对促进创新和创业起到积极的作用。此外，社会民众消费价值观和生活方式的改变也会促使企业改变生产和商业模式。

（6）自然条件的变化。社会对自然环境保护的重视和自然资源的日益短缺，给企业尤其是资源消耗类企业带来很多约束，促使企业必须寻求战略、技术、原料、流程等方面的创新和变革，以适应环境变化的需求。

2. 企业创新的内部动因

（1）企业目标。企业目标与创新的本质特征耦合度的高低直接决定企业创新需求的强弱。当企业以追求短期利益为目标时，往往会安于现状，缺乏创新激情；注重企业长期利益和长远发展的创业者则会在创新方面更为激进，更倾向于通过扩大投入、不断改进甚至革新生产工艺，提升产品品质，获取竞争优势，从而获得利润的长期稳定增长。

（2）企业创新愿景和惯性。企业创新愿景取决于企业家及其创新精神。优秀的企业家和企业家精神会激发企业内部形成较强的创新力量，创新型领导、创新型人力资源和创新氛围的存在和发展，又会在企业滋生出一种内在的创新惯性，从而使企业对机会更加敏感并做出快速决策，促使创新的发起与实施。

（3）企业内部制度因素。企业内部制度因素主要指企业内部是否存在有利于创新的正式制度规章及非正式制度安排，包括企业的治理结构、激励安排、企业文化等。通常，在市场控制治理结构下，企业倾向于产品创新选择；在组织控制治理结构下，企业倾向于过程创新选择。内部激励是企业推动创新的另一种方法，即通过物质激励和精神激励，使员工真正感受到创新的收益和实现自我价值的愉悦，同时调动企业研发人员的创新热情。

（4）企业成长阶段的变化。企业处于初创期或成长期时，往往会积极采取各种创新手段促使企业快速发展，而到了成熟期，企业便会有创新动力下降、创新行为减少的趋势，一旦进入衰退期，企业一般又会主动进行战略、技术等创新以谋求新的发展。

案例 3-2

特斯拉汽车的颠覆式创新之路

特斯拉是美国创新企业首席执行官马斯克的一个重要成就，它所实施的就是新市场颠覆模式。

特斯拉在汽车市场能脱颖而出主要是综合了全新的商业模式和颠覆性的技术创新。

颠覆式的商业模式，让网上买汽车成为现实

特斯拉打破传统汽车营销渠道4S店这个模式，而采用体验店和网络直销的模式。和苹果手机的概念类似，客户可以到店体验，体验店内的销售人员不会做推销，而是帮助客户全方位、多角度、立体化地体验某一款电动汽车的独特之处，没有任何多余的推销言辞。并且体验店不是设在常规的郊外，通常坐落于城市CBD区域内的高端购物中心里。在体验店里，客户如果对某一款电动汽车感兴趣，可以在网上预约来做一次几分钟的试驾。客户如果想购买某一款电动汽车，通过在网络上下单可以得知要等待多长时间才能收到货。特斯拉接到订单后，会将客户订单排入生产计划，最后会直接将电动汽车寄至客户指定的地点。

客户订购电动汽车时，针对不同的车型有不同的预订金，通过这种模式，特斯拉创造了大量的现金流。例如，3年期间接受2万辆车的预订，预订金是10亿美金左右，这个现金流给特斯拉的研发提供了强有力的支撑。

颠覆式的服务方式，用云技术解决汽车服务

没有4S店，没有经销商，特斯拉如何解决服务问题呢？这是很多潜在客户共同关注的问题。确实，特斯拉在很长的时间内没有自己的服务店。面对这个问题，特斯拉采用了两种解决方式：一是云服务，通过它的控制中心，利用控制屏进行自我诊断，这样可以解决很多小问题，所以特斯拉把很多服务放在云空间里；二是通过服务中心，如果电动汽车在使用过程中出现了云服务不能解决的问题，客户可以致电服务中心来解决，如果这样也无法解决问题，特斯拉会第一时间指派技术服务人员或当地体验店工作人员帮助客户解决问题。

总的来说，特斯拉通过采用不同于传统汽车制造商的商业模式、技术创新、销售模式创新和降低成本等手段，成功地颠覆了汽车行业的商业模式，并赢得了众多消费者的青睐。它的成功经验也为其他行业的创新提供了有益的启示。

（资料来源：作者根据相关资料整理）

3.2.2 企业创新的途径

创新的动因对企业而言既是挑战，也是机遇。企业应在变化中寻找机会，选择适当的创新途径应对挑战。根据企业丰富的创新实践，可将企业创新的途径总结为以下几种形式。

1. 技术创新

技术创新是指技术的新构想，包括新产品、新服务、新工艺等，通过研究开发或技术组合，到实际应用并产生经济、社会效益的商业化全过程的活动。无论是渐进性的技术改进还是根本性的技术变革，技术创新都必须实现商业化应用，这就要求企业在技术先进性和市场需求的有效支撑之间找到一个很好的平衡点。很多技术人员对技术要求非常完美，但对企业来说未必合适，因为能为企业创造价值的技术应该是消费者需要的技术。德鲁克曾指出："一个看似伟大的创新结果可能除了技术精湛外什么也不是；而一个中度智慧的创新，如麦当劳，反而可能演变成为惊人且获利颇丰的事业。"因此，技术创新的首要问题应是确定"什么是正确的事"，然后"正确地做事"。这是一个范式的转移和企业经营理念的变化，见表3-1。

表3-1 企业经营理念的变化

事业	生产者导向的定义	顾客导向的定义
化妆品公司	我们生产化妆品	我们销售美的希望
办公设备生产企业	我们生产办公设备	我们协助改善办公室生产力
手机制造商	我们生产手机	我们提供沟通和娱乐的便利工具
医院	我们医治人生的病	我们医治生病的人

技术创新根据对象的不同，可分为产品创新和工艺创新两类。产品创新是指通过技术改进或新技术的应用向市场提供独特、性能更优异的产品。工艺创新主要是改进产品的加工生产过程、工艺路线或设备，目的是提高产品质量、降低生产成品、降低消耗或改善工作环境

等。产品创新有三种模式：一是技术推动型创新，这是一种由科学发现或技术发明推动的线性过程，市场是研发成果的被动接受者。二是市场拉动型创新，即技术创新是由市场需求激发，然后寻找满足需求的技术解决方案。研究表明，就数量来说，60%~80%的技术创新是由市场需求引发的。三是技术推动与市场拉动交互型的创新。大量实践显示，在技术创新的过程中，技术和市场两者总是相辅相成、交互发生作用。有市场需求但无法实现研发应用的技术或没有市场需求的实验室技术都是无法取得成功的。

2. 商业模式创新

商业模式创新就是一个企业如何赚钱的过程，从本质上看，好的商业模式可以回答：谁是顾客？顾客珍视什么？管理者如何通过商业活动赚钱？如何以合适的成本向顾客提供价值？商业模式创新是指企业家发现原有市场上存在的商业模式的问题，并在对内部资源和外部环境进行权衡的基础上，选择和设计适合企业发展的新商业模式的创新过程，其目的在于创造新规则、新标准，并形成企业的垄断力量。2005年，经济学人智库（EIU）发起的调查中，54%的首席执行官认为，商业模式创新将成为比产品和服务创新更重要的创新，新创企业设计的商业模式在成长的过程中需要根据新的竞争、资源条件不断调整；大企业的发展需要通过创新商业模式寻找新的发展动力；公益机构越来越重视导入企业家精神，将新的商业模式与社会公益事业的发展结合起来。

创新商业模式的路径因创业者的视角不同而不同。创业者可以通过改变价值主张、目标客户、分销渠道、成本机构等商业模式的组成要素进行部分创新，也可以对商业模式进行系统的重新设计，或者结合企业的竞争战略进行调整。最成功的公司往往就是那些能够持续、有效地将战略和强有力的商业模式创新结合在一起的公司。

3. 服务创新

20世纪末以来，随着信息技术、网络技术的广泛应用，传统服务产业升级，并涌现出大量新兴的以知识为基础的服务产业，部分制造企业也开始向服务业转移。IBM公司从设备提供商转向服务提供商，专门致力于为客户开发软件和提供解决方案的转型就是其中的典型代表。因此，服务创新不单是服务企业发展的内在要求，对其他类型的企业而言，服务创新也是满足和引导顾客需求、创造竞争优势、实现企业转型的重要途径。

所谓服务创新是指企业将新的设想、新的技术手段转变为新的或改进的服务方式的过程，是一种有针对性的、持续的、以顾客为导向的创新，其目的是有效提高顾客满意度，赢得潜在客户，为企业创造竞争优势和商业利益。服务创新的方法很多，主要包括基于技术的创新、基于管理的创新及两者的结合。

基于技术的服务创新是指开发新技术并将其应用于服务系统中，推出新服务概念、设计更先进的客户接口、建立更有效的传递系统等。例如，依托网络和信息技术出现的网络购物、网络订餐、银行ATM、公共交通的自动检票系统、远程教育、网络游戏等。很多企业如阿里巴巴、百度、腾讯、新浪、亚马逊等都是基于这些新技术而出现的成功进行服务创新的企业，它们以互联网为连接企业和顾客的服务枢纽，开创了一个全新的电子服务时代。

基于管理变革的服务创新主要包括通过服务模式、流程、营销的变革引发的服务创新。如根据对客户需求的管理和预测，将大规模、批量生产和标准化服务的模式改变为少量定制、灵活销售、提供个性化服务的模式。通过识别顾客期望，创新企业服务质量指标，重新界定服务范围、内容、衡量标准等，有效管理服务流程的各个环节，提高服务的效率。同时，还可以通过体验式营销、设立广泛分布的服务网点、加强服务的口碑传播等手段创新服务的营销方式和渠道，加强顾客与企业的交互关系，从而提高顾客对企业服务的认可和满意度。

最有意义的服务创新来自对服务对象的深入了解，并且比一般的产品创新要深入得多。有研究表明，80%的服务概念来源于顾客。因此，企业要成功进行服务创新，一定要关注顾客反应，尤其是对顾客期望的把握和对顾客抱怨的倾听，变"有求必应"为主动关心。同时，企业还应注重提高内部服务人员的整体素质，因为顾客对服务品质的评价往往是根据他们同服务人员打交道的经验来判断的。

4. 管理创新

管理创新是指企业把新的管理要素（如新的管理方法、新的管理手段、新的管理模式等）或要素组合引入企业管理系统以更有效地实现组织目标的活动。管理创新的动机一般源于对公司现状的不满，或是公司遇到危机，或是商业环境变化及新竞争者出现而形成战略型威胁，或是某些人对操作性问题产生抱怨等。管理创新是对组织内某种形式或要素的挑战，是企业家行动能力的表征。首先企业家需要对未来有新的设计和想法，并对现状中的不足提出解决的对策。其次将各种不满的要素、想法及解决方案组合在一起，通过反复、渐进的实验、推进、调整和再推进来明确界定新的管理模式和管理思想。与其他创新一样，管理创新也面临巨大的风险，还会由于很多人无法理解创新的潜在收益，或者担心如果创新失败会对公司产生负面影响而遭遇抵制。此外，管理创新的有效性往往需要数年才能显现，这也增加了管理创新的难度。因此，管理创新对企业家提出了更高的要求。

5. 制度创新

制度创新是指人或组织所进行的用新制度代替旧制度的活动。企业制度创新往往源于现有企业制度已经不能适应企业当前的发展状况，不能充分调动员工的积极性，并在某种程度上已经妨碍了企业经营绩效的改善。从制度的本质出发，制度创新主要是为了调整和优化企业所有者、经营者和劳动者三者之间的关系，使各方面的权利和利益得到充分保障，使企业内部各种要素能合理配置，并发挥最大的效能。因此，有学者将制度创新定位为管理创新的最高层次，是技术创新、管理创新实现的根本保障。

以上五种创新途径为创业者创立和管理企业提供了创新突破点，但在实践中，企业家的创新方式和手段更加丰富多样。创新要依据环境变化和企业发展要求，有清晰的创新目标，善于发现和灵活运用各种资源，有时也要求创业者自己在创新实践中善于学习、善于总结、善于思考，不断丰富自己的经验，从而不断创新自己的管理理念和思想。

案例 3-3

中国高铁，享誉世界

党的二十大报告指出，加快构建新发展格局，着力推动高质量发展。搭乘复兴号，以风为速，以轨为尺，丈量大国前行的步伐。从 21 世纪初我国开始发展高铁到今天，中国建成了全世界最大的高铁网络。与此同时，中国铁路建设的技术和能力也达到了新的高度。中国铁路不断走出国门，助力更多国家发展交通。

运营里程世界最长。一个地区、一个国家如果想要发展好自己的经济，交通必然是不可缺少的因素。铁路营业里程由 2012 年的 9.8 万千米增加到 2022 年的 15.5 万千米，年均增长 4.7%，其中高铁里程由 0.9 万千米增加到 4.2 万千米，年均增长 16.7%。我国高铁里程占世界高铁总里程的 2/3 以上，位居世界第一。

商业运营速度世界最快。中国高铁通过自主创新，形成了以 CRH380 系列高速动车组为核心的完整的高速铁路移动装备体系。铁路装备实现升级换代，复兴号系列产品应运而生，涵盖不同速度等级、适应各种运营环境。目前我国是世界上唯一实现高铁时速 350 千米商业运营的国家，复兴号在京沪、京津、京张、成渝、京广高铁京武段等超过 3000 千米的高铁线路上以时速 350 千米运营，向世界展示了中国速度。

服务升级，便捷出行。如今，高铁改变了生活，是许多人发自心底的感受。10 年来，铁路始终以"人民铁路为人民"为服务宗旨，坚持推陈出新，运输服务品质全面跃升。推出了网络购票、电子客票、在线选座等服务新举措，人民群众出行更加便捷舒适，以往"一票难求"的现象得到了根本性的改变。智能刷脸进站、无感安检、互联网订餐等一系列便民服务，也让乘火车出行成为一种享受。

开往世界的中国高铁。从 2009 年正式提出高铁"走出去"战略以来，我国高铁在亚洲、欧洲、非洲、美洲等多个国家落地开花。走出去的重点方向有三个：一是从昆明出发连接东南亚国家，通达新加坡的泛亚铁路网；二是通过俄罗斯连接欧洲的欧亚铁路；三是从乌鲁木齐出发，经过中亚最终到达德国的中亚高铁。2013 年以来，我国高铁呈现加速"出海"态势。据不完全统计，中国海外高铁项目约 18 个（指运行时速 200 千米以上的铁路项目），包括：已经建好运营的高铁项目，如土耳其安卡拉至伊斯坦布尔的伊安高铁；正在建设的高铁项目，如匈牙利布达佩斯至塞尔维亚贝尔格莱德的匈塞铁路、印尼雅加达至万隆的雅万高铁等；已宣布计划建造的高铁项目，如俄罗斯莫斯科至喀山的高铁。

党的十八大以来，中国铁路实现了跨越式发展，中国高铁正凭借实力享誉世界，我们期待高铁这张"中国名片"能够加快"走出去"步伐，为实现中华民族伟大复兴的中国梦做出更大贡献。

（资料来源：作者根据相关资料整理）

> **思考与实践**

1. 阅读一个企业创新的案例,分析其创新的来源和动因。
2. 请想出 10 个发明和设想,并挑选其中一个对其进行实用化、产业化构想。

第 4 章

创新方法

学习目标
- 了解创新方法的概念与作用。
- 掌握常见的创新方法。

思政目标
- 培养求真务实的工作作风,坚定道路自信和文化自信。

4.1 创新方法概述

4.1.1 创新方法的概念

创新方法是指创造学家收集大量成功的创造和创新实例后，研究其获得成功的思路和过程，经过归纳、分析、总结，找出的一些带有普遍规律性的原理、方法和技巧。创新方法可以供人们学习、借鉴和效仿。

创新方法一直为世界各国所重视，在美国被称为创造力工程，在日本被称为发明技法，在俄罗斯被称为创造力技术或专家技术。我国学者认为，创新方法是科学思维、科学方法和科学工具的总称。其中，科学思维是一切科学研究和技术发展的起点，始终贯穿于科学研究和技术发展的全过程，是科学技术取得突破性、革命性进展的先决条件；科学方法是人们进行创新活动的创新思维、创新规律和创新机理，是实现科学技术跨越式发展和提高自主创新能力的重要基础；科学工具是开展科学研究和实现创新的必要手段与媒介，是最重要的科技资源。由此可见，创新方法既包含实现技术创新的方法，也包含实现管理创新的方法。

创新方法以思维心理学为基础，指导人们克服常态的思维定势，开发人们的思维潜力，提高人们的联想能力和想象能力，激发人们思维的敏感性、独立性、灵活性、流畅性和连续性，是发展创新智力的有效方法。创新方法是创新的重要手段，是进行创新活动的有效智能性工具，可以拓展思路，更好地开发智力、智慧，实现创新。人们在实践过程中运用创新方法，能够省时、省力地解决问题，不仅可以直接产生创新成果，还可以提高创造力和创新成果的实现率。

4.1.2 创新方法的作用

具体来说，创新方法的作用有以下三个。

1. 促进高效解决问题

人类在征服自然、改造自然的过程中遵循一定的客观规律，创新方法就是对人类解决问题、实现创新的共性方法的高度总结和概括，运用创新方法可以使解决问题的方案更科学，可以少走弯路，更高效地解决问题。

2. 推动培养创新思维

思维惯性是决定创新能力的关键因素，思维模式不同带来的结果也就大相径庭。每个人都有思维惯性，习惯上将思维方式局限在已知的、常规的解决方案上，从而阻碍新方案的产生。通过学习创新方法，人们可以掌握各种创新思维的特征和规律，打破固有的思维模式，学会用"新的眼光"去发现问题和解决问题，敢于否定、质疑和超越常规去思考、实践，养成创新思维的习惯，形成变通性思维。

3. 科学指导创新实践

为了解决在不同时期、不同领域里出现的创新问题所使用的创新原理与方法是有规律的。通过学习创新方法，人们可以根据实践活动的具体情况，科学地运用创新方法中实用与适用的创新原理，在实际工作中实现创新，少走弯路，尽早地剔除那些复杂而效率不高的解决方案，找出使实践活动更具方向性、有序性和可操作性的高效解决方案。

4.2 创新方法

4.2.1 设计思维

1. 设计思维的概念、内涵与特征

（1）设计思维的概念。很多人听到"设计"一词就会自然联想到海报设计、服装设计、广告设计、装潢设计等这些与审美和艺术密切相关的领域，这里的"设计"大多是指对于物体的构思，如约恩·伍重（Joern Utzon）设计悉尼歌剧院、亚历克斯·塞缪尔森（Alex Samuelson）设计可口可乐瓶、保罗·兰德（Paul Rand）设计商标、克里斯汀·迪奥（Christian Dior）设计高级定制服装。但设计思维中的"设计"则不然，它与美学无关，与实物也关系疏远，其核心是将设计的原则应用到人们的工作方式中，应将其理解为解决问题的创新型的思考方式。

设计思维译自英文"design thinking"，也作设计思考讲。相关领域的学者从不同角度表达了对设计思维的看法。综合来看主要有以下四种观点：第一，设计思维是设计师的思维方式。持这种观点的学者认为设计思维就是设计师在设计物品、服务或系统时的一系列心理过程，而不是产品具象化的设计结果。第二，设计思维是一种以人为本的创新方式。如蒂姆·布朗（Tim Brown）认为，设计思维要把以人为本放在突出位置上，需要把用户的需求、技术的可行性和商业成功的需求这三个条件整合在一起，用创新的方式提出问题解决方案。第三，设计思维是一套启发式规则或策略，其运用启发式的方法指导人们解决复杂的问题或制作创新性产品，是一种高效的思维方式。第四，设计思维是解决问题的方法论。设计思维是用来指导人们解决现实问题的一种结构化方法，这些方法包括思维导图、头脑风暴、教练提问等，可以有步骤、有策略地帮助人们提出创造性的解决方案。

为了厘清设计思维概念，追溯其形成过程，我们将设计思维分为雏形期、发展期、强化期三个重要阶段。

第一阶段：雏形期。设计思维最早可追溯到赫伯特·西蒙（Herbert A. Simon）于1969年

出版的《人工科学》，书中写道："在相当大的程度上，要研究人类便要研究设计科学。它不仅是技术教育的专业要素，也是每个知书识字人的核心学科。"并且西蒙还认为人工科学离不开人的设计，离不开人的思维，学校教育的任务是引导人们思考如何设计。从中可以看出西蒙把设计这样一种思维模式放在了非常重要的位置上，认为人人都应该具备设计素养。在他看来，在人对优秀设计的不断探索、人工物的形成等方面，思维起到了桥梁作用，人们只有不断设计思考才能创造出更多与自然相融合的人工制品。

第二阶段：发展期。"设计思维"一词正式被提出是在 1987 年，由哈佛大学设计学院教授 Peter Rowe 在《设计思维》一书中提出的。1991 年，大卫·凯利（David Kelley）创立 IDEO 公司，该公司现在已是全球最大的创新设计咨询机构之一，它以设计思维作为其核心思想和核心竞争力，同时也是设计思维发展历程的见证者。20 世纪晚期，设计思维的概念通过与不同领域交叉融合而不断丰富和发展，被广泛应用于商业、艺术、工业、工程、建筑等领域。很多全球领先的企业都争先恐后地对员工进行设计思维的培训，其中包括通用电气、微软、松下、宝洁、宝马、戴姆勒等。到 20 世纪末期，设计思维开始被引入教育系统，用来改变传统的教育模式，提升学生的综合素质。

第三阶段：强化期。2005 年，斯坦福大学得到 SAP 公司创始人哈索·普拉特纳（Hasso Plattner）的捐赠，成立了设计学院 d.school，这是世界上第一所专注于学习设计思维的学院，该学院的目标就是培养复合型、以人为本的创新设计师。但是学院不提供学位教育，课程向斯坦福大学所有研究生开放，强调跨院系的交流协作，用设计思维广度来加深各个专业学位教育。随后，哈佛大学、耶鲁大学、多伦多大学、波茨坦大学等也争相开设设计思维学院。2012 年，美国华尔街日报刊登文章 "Forget B-school, D-school is hot"，即"忘掉商学院吧，设计学院正炙手可热"，文章介绍了设计思维在商界及企业界受到欢迎的情况，至此，设计思维在商业、教育等行业掀起了一股热潮。

我国对设计思维的研究和关注起源于 1979 年，主要集中在艺术、建筑等设计类学科，在其他学科领域中的研究较少。近年来，有一些研究者开始探索将设计思维应用于具体的创新实践。例如，2016 年清华大学"城市创变客"暑期工作坊提供国际前沿的设计思维和创客实践（Maker Practice）训练，依托于清华大学创新创业平台，不同学科背景的学生组成学习团队，与社会组织、研究机构等合作，实地观察和体验城市中社区、交通、环境、健康、文化面临的现实问题，通过设计思维来探究城市的发展，将创新理念转化为推动城市变革的解决方案，融合设计、科技与商业的多维视角，完成创新产品与服务的原型设计或规划，彰显青年创客改变世界的创新力。

设计思维的概念经过雏形期、发展期、强化期三个阶段的发展之后，其内涵得到了极大丰富，也被越来越多的人所接受、学习、使用，尤其在商业和教育领域表现出了巨大的生产力和生命力。对于设计思维的认识，目前依然没有统一的观点，本书对设计思维概念理解为：设计思维是指以创新思想为引导，融合了多种方法论体系，具有弹性工作模式的解决复杂问题的思维方式。

（2）设计思维的内涵。设计思维的概念经过发展和演变不断被人所熟知，其内涵包括四个方面：以创新思想为引导、解决问题的方法论体系、弹性工作模式、复杂的思维能力。

第一，设计思维以创新思想为引导。创新是民族进步的灵魂，是国家兴旺发达的动力。中国共产党在领导中国革命、建设和改革的实践中，非常注重把马克思主义与中国实际相结合，对中国革命、建设和改革作出创新性谋划，从而开辟了新的道路、创新了新的理论、形成了新的制度、发展了新的文化。设计思维要让创新思想来指导方向，让顾客、设计师和商人等利益相关群体参与到整个过程中，产生创新性的解决方案。可以说创新力是衡量设计思维成功与否的重要指标。

第二，设计思维是解决问题的方法论体系。设计思维具有方法论性质和工具性质，为用户提供实用和富有创造性的解决方案。作为以解决方案为导向的思维形式，它不是从某个问题入手，而是从客户的需求入手来寻求问题的解决方案。在现实中存在很多边界模糊、结构复杂的难题，要想提出合理的解决方案就必须权衡各种因素，通过设计思维就可以为这些难题寻找具有创造力的解决方案。西蒙认为在解决疑难问题时最重要并最为广泛使用的启发式是手段—目的分析（means-ends analysis），即通过对比目前状况与目标状况，消除两者差距以接近目标。此外，西蒙还指出创造性思维和日常思维在解决问题时的区别：①问题解决者心甘情愿地接受模糊定义的问题陈述并逐步去建构它们；②在相当长的时间内持续全神贯注于问题；③在相关和潜在相关领域中广阔的背景知识。创造性思维在此处可与设计思维类似。拉祖克（Razzouk）和舒特（Shute）认为设计思维有一套步骤或策略，它能指导人们解决复杂问题，并制作具有创新性的产品。科利（Coley）认为设计思维是用来指导人们解决现实问题的一种结构化方法，这些方法包括研究、分析、头脑风暴、创新和发展等，以帮助人们提出创造性的解决方案。

第三，设计思维有一套弹性工作模式。设计思维根据具体的问题情境有不同的实施步骤，应用比较广泛的模式有三种：斯坦福大学设计学院提出的EDIPT模式包括共情（Empathize）、定义（Define）、构思（Ideate）、原型（Prototype）和测试（Test）五个阶段；全球知名的创新设计公司IDEO的总裁Tim Brown将设计思维的过程分为了灵感（Inspiration）、构思（Ideate）、实施（Implement）三个创新空间；英国设计协会的双钻石模式包括四个步骤，即发现需求（Discover）、定义问题（Define）、发展方案（Develop）、交付方案（Deliver）。这三种模式的具体实施步骤是不同的，设计者在使用设计思维解决具体问题时可以弹性变化，找到适合自己的模式。

第四，设计思维是一种复杂的思维能力。设计思维综合了逻辑思维和形象思维，具体表现为发散性、收敛性、辩证性的特征，是一种多因素、多层次综合一起的思维方式和思维能力。在不同情境中，会使用发散思维、聚合思维等模式来达到解决问题的目标，是一种较为复杂的思维能力，不是使用者简单依靠直觉或顿悟就可以解决，需要根据具体的方法论体系去学习和提升。

从上述描述中可以发现，人们在尝试界定设计思维的内涵时，如果切入的角度不同，会得出不同的看法，但都指向设计思维本身。设计思维并不是一成不变，它的内涵会随着社会的发展而被不断丰富。

（3）设计思维的特征，表现为以下六个方面。

①双螺旋结构。设计和思维是相互依存、相互影响的关系。设计和思维的训练不应该是独立的，设计思维不仅强调通过对思维的不断激发来促使灵感生成，从而支持设计的创新，还强调对设计自身的不断颠覆与重构以促进思维的发展，以及强调设计和思维的相互依存和彼此促进。双螺旋结构是设计思维与传统思维重要的不同点，传统思维主要处理物与物之间的关系，设计思维处理的则是人与物的关系。

②同理心。同理心又作换位思考、共情，是指站在对方立场设身处地思考的一种方式，即与人际交往过程中，能够体会他人的情绪和想法、理解他人的立场和感受。用户同理心是指把设计的关注点落在人的身上，并把用户的需求和期望是作为提出解决方案的前提和出发点。很多人在进行设计时缺乏对用户需求的了解，那么最终设计出来的东西则达不到用户的期望。比如，建筑设计师要为客户设计一套别墅，由于每个人对别墅的理解都带有主观性和偏好性，如果设计师一意孤行按照自己的设想去设计，将自己的理念强加于客户，事情的结果往往不尽如人意。同理心和同情心有着本质的区别，同情心依然是从自己的角度出发对别人的遭遇感到同情，而同理心的角度是从别人出发，客观体会当事人的内心，感同身受，是一种有效的沟通方式。优秀的设计师要注重同理心的培养，只有敏锐观察、捕捉用户的心理和需求，才能设计出符合用户需求的产品。

③情境性。设计思维离不开特定的问题情境，并在问题的具体解决过程中才能够得到体现。无论是产品还是解决方案，都要与外部环境交互，要根据具体情境变化，构成人—方案—环境动态交互的系统。以往的思维能力培养往往是孤立的、脱离现实及去情境化的，而设计思维更加强调把情境思维贯彻设计的始终，包括发现问题、构思问题、解决问题。西蒙将设计思维定义为一种在现有的条件下寻求更好方案的过程，也就是说，具体情境很多时候都是解决方案的约束条件，人们只能达到最满意的方案，而无法实现最好的方案。

④可视性。设计师在解决问题过程中会运用草图、绘画、模型等各种方法，借助多种可视化工具，将想法清晰明了地呈现出来，利用原型材料快速将团队的创意想法具象化。随着3D打印技术的进步，制作原型往往是一个更快捷、更低成本的过程。斯坦福大学设计学院有一个专门制作原型的办公室，里面存放了很多手工原料和工具，如剪刀、贴纸、卡纸、布料、布条、旧的易拉罐、雪糕棒等。可视化的实施过程一般都是用最短的时间和最少的费用来做出原型，即将重心放在解决问题上而非原型的精美制作上。

⑤交叉性。设计思维是跨领域跨学科的，它需要在组建多领域背景团队的过程中和各阶段的传递交流过程中考虑周全。成功的设计思维有三个基本要素：第一，空杯心态；第二，敢于创新；第三，团队合作。为了让这个过程更有效，设计思维必须要跨学科跨领域，并且团队成员之间要有较高的差异性，以促进多角度交流。设计思维目前已经被应用在多个领域，例如，商业、教育、工程、设计、社会等，在未来还会与各领域找出不同的结合点并促进其

发展。

⑥迭代性。设计思维的进行是一个反复迭代的过程，包含从了解用户需求、定义问题，到构思方案、制作原型、确定解决方案。设计思维的情境化特征，注定了它是一个动态的过程，需要在工作过程中不断调整思维方式，尤其是在制作可视化原型进行实际体验时，更要根据发现的约束条件而不断改进方案。

2. 设计思维的操作原则

设计思维的核心理念和操作原则是以人为中心。亨利·德莱福斯在1950年11月的《哈佛商业评论》中写道："需要牢记的是，正在做的东西是要乘坐的、对谈的、活动的、操作的，是在某种方式下给一个人或一群人用的。当产品在使用过程中使人产生不适时，设计师便失败了。另外，当产品在使用的过程中令人感到更安全、更加舒适，让人更渴望去购买，使人们工作起来更加有效率，或者就是十分愉悦，这时设计师便成功了。"

（1）一切始于人的需求原则。运用设计思维的第一步，不是要思考设计什么，而是要考虑为谁设计。这是一种以终为始的思考方式，"人"在整个设计思维的实践中占据最重要的位置。以"人"为中心，意味着要把大量的注意力放在人身上，研究人，关注人的需求和渴望，为某一类人群解决问题。iPod的创造不是来自成堆的MBA数据。根据史蒂夫·乔布斯（Steve Jobs）的说法，它的起点是弄懂消费者听音乐的体验，这就引发对消费者的听音乐习惯进行大量的专门研究。

（2）尊重人的差异性原则。以"人"为中心，意味着尊重不同地域、不同文化背景的人的差异，以及不同个体的差异。不了解文化差异的力量，将会造成难以预计的后果。

家用电器制造商伊莱克斯公司的管理层，认定欧洲应该是一个专售冷藏或冷冻冰箱的市场。他们认为欧洲也像美国一样，就靠几个大型制造商提供几款固定的设计就行了。然而，由于欧洲拥有众多的文化背景，欧洲人拒绝接受美国模式，伊莱克斯公司为此付出了昂贵的代价。

在进入欧洲市场后，伊莱克斯公司也曾试图使生产更加简化。但是7年过去了，它的生产中仍然包含了120多种基本设计，这些基本设计又衍生出1500多种变形，同时该公司仍在继续研发新的冷藏柜，以迎合具体的市场需求。

（3）从人类的高度思考原则。以"人"为中心，意味着对人类共同命运的关心，意味着把人的利益、人的尊严放在首位，不再以逐利为唯一追求，不再为了盈利而不惜牺牲人类的生存环境和过度消耗资源。

3. 操作程序

作为一种创新思维工具，设计思维并非凭空产生，而是从传统的设计方法论中演变出来的。传统的产品设计思路主要包括以下四个步骤：发现需求、集体讨论、快速原型、测试。而设计思维强调以人为中心，要求设身处地体验客户需求，所以它就多了一个同理心的步骤。其具体操作程序如下。

（1）同理心。同理心是设计思维最重要的环节，它是定义和解决问题的基础。同理心的突出特征，就是尽一切可能站在利益相关者的角度去想问题，并以此为出发点去解决问题。

第一个重要方法是观察，它要求结合被观察者的生活场景去观察，看他（她）做了什么，怎么做的，思考他（她）为什么这么做，目的是什么，他（她）这个行为所带来的连带效应是什么。

第二个重要方法是访谈，即通过与用户"邂逅"（最好不以设计师的身份），可以进一步了解被访谈者行为背后的真实想法。

除了观察和访谈，还可以亲身体验和尝试，让自己模拟对方，细细去体会这种感觉。比如，为老年人或行动不便的人士设计更便捷有效的生活方式：更加合理的红绿灯设定、更易推开的门、方便上下的楼梯……不如找把轮椅自己坐上去，尝试穿越两条马路，推开商店的大门，用夹板固定膝盖尝试上下楼梯，在这个过程中转换视角去体会和观察，总有意想不到的收获，这些都是找到用户真实痛点和需求入口的好办法。

（2）定义问题。定义问题就是清楚地界定自己想干什么。这个步骤最重要的，就是形成一个有意义且可行地对问题的表述。

一个完整的问题表述由三个部分组成：利益相关者 + 需求 + 洞察。简单地说就是：我们的客户是谁？我们想解决的是什么问题？对于这个想解决的问题，我们有哪些已有的假设？有什么相关联的不可控因素？我们要实现的短期目标和长远目标是什么？我们有什么样的价值主张？我们的基本方法是什么？

（3）创想。创想就是通过头脑风暴"产出尽可能多的想法"，这一步需要思考项目可能涉及的人、事、物，以及解决问题的各种方法，然后简化为一个具体的方案。

这是一个做加法的过程。在这个过程中，先不用考虑哪个想法是最佳的想法，哪个想法不可能实现。如果想要找到好的解决方案，前提一定是拥有大量可供选择的方案，所以这个环节就是在"寻找可能性"。

既然是寻找可能性，那么一切损害可能性的做法都要被叫停，所以在整个创想的过程中，有一个非常重要的原则就是"延缓评判"，即不但不能对他人的观点做评论，对自己头脑中萌生的想法也不要轻易怀疑和打压，让想法尽可能地产生和生长。同时，还要想办法刺激更多的想法产生。

（4）快速原型。快速原型就是以较快的速度和较低的成本做出产品原型，通过制作原型能够将一个抽象的想法或概念变成人们可以感知的东西，借由它直接跟用户沟通并寻求反馈。

快速原型的优势就是能让设计师快速且低成本地试错。任何设计都可能失败，与其高成本失败，还不如低成本失败。而制作原型的过程，也是一个思考的过程，通过不断的试错和完善，会越来越接近最终的解决方案。

原型的形式有很多种，既可以是贴满纸的一面墙、一个实物产品、一个简单的装置、几幅手绘草稿、一个故事板，也可以是一段视频。制作原型的关键是"快速"，不要花太多时间去思考和寻找材料，身边任何一种材料都可以被拿来制作原型。

总之，快速原型就是做出产品原型并展示，从而反思产品。

（5）测试。测试就是带着解决方案的原型，找潜在的客户进行试用，并在试用过程中，认真观察潜在客户的反应，耐心听取其意见。

测试环节提供了一个很好的机会，让设计师可以更深入地去了解利益相关者，并且为修正解决方案提供依据。但这并不意味着解决方案即将成功，在测试之后，很有可能需要重新制作原型，然后反复测试、不断迭代；还有可能发现当初的需求点没找对，需要重新定义问题，于是从定义问题开始又进入一个再循环的过程。

但是无论怎样，测试可以帮助判断设计的可行性，帮助更好地了解客户的需要，也可以让我们距离正确的方向更进一步。

4. 操作要领

设计思维是站在客户的角度、以客户为中心考虑问题的思维。与传统商业思维相比，它在很多方面都存在着明显的差异。如果说传统商业思维是数据驱动的结构性思维，那么设计思维则是基于用户需求的实践性、本能性思维。运用设计思维需要注意如下问题。

（1）图像思维。图像思维也称视觉思维，简单地说就是用地图、图解等方式来表达想法、概念、流程及关系等。

图像思维的关键是"视觉化"。心理学研究表明，人类大脑50%以上的信息处理能力，都是用来处理视觉信息的。图像表达的好处在于：一是直观；二是有趣；三是便于沟通。

（2）情景思维。情景思维也称场景思维。它是一种以"场景中的人"为思考对象，以交互关系为思考核心的思维方式。

情景思维的本质是从用户的真实需求出发，以人为中心进行思考。其好处在于：第一，基于场景去观察人，能够更好地理解场景中人的需求；第二，转变单一的以物为中心的局限思维，能够为他人营造更好的体验。

使用情景思维需要掌握三个技巧：第一，观察。基于情景的观察，最重要的是尊重事实，避免加入主观判断和理解。第二，讲故事。故事会使得所要了解的人物和事件变得鲜活，同时还能够打动听故事的人，由此引发情感的共鸣。第三，造景。即设计和布置一个场景。通过物理环境的变化，改变物、人与场景之间的关系，营造一种"身在其中"的体验。

（3）关联思考。关联思考是指将看似不相关的一组事物、问题或想法关联起来思考的思维方式。这种思维方式能够帮助人们看到事物内在的关联性，有助于产生新的视角和创造力。

最常见的关联首先就是概念之间的关联；其次是事件之间的关联；最后是领域之间的关联。在现如今的社会环境下，市场竞争已经不再是行业内的竞争了，看似完全没有竞争关系的行业，都可能在未来某个时刻颠覆该行业。

关联思维可以用于解决复杂问题和在不确定的环境中发现机会。如果说图像思维关乎注意力，情景思维关乎感知力，那么关联思维则是关乎想象力。

提高关联思维能力，最重要的是保持好奇心和开放的心态，多学习，勤思考，尽可能多的与不同领域的人接触或合作，从他们身上获得新鲜的视角和不同的思维方式。

（4）换位思考。换位是指站在他人的角度看待和理解事物，在精神和情感上与对方产生共鸣，真切体会到他人的情感和感受，并做出符合对方期望的回应。

无论是生活中与人相处，还是工作场合管理他人和为客户解决问题，换位思考都是非常重要的一项能力。作为设计思维工作者，只有通过共情、换位思考及更多地用他人的眼光发现、经历、理解和感知这个世界，才能更好地做到"以人为中心"。

换位思考必须做到以下五步：一是对他人的关注；二是放下自我；三是倾听、观察和感知，真正地做到进入对方的内心；四是真正理解对方的感觉和需求，并能够准确描述出来，使双方的情感融为一体；五是做出符合对方期望的回应。

案例 4-1

"设计驱动式创新"模式

"设计驱动式创新"是由意大利设计界最高荣誉——金罗盘奖的获得者，米兰理工大学管理学院与设计学院教授罗伯托·维甘提提出来的创新模式，被管理界称为继"渐进式创新"和"颠覆式创新"之后的第三种创新模式。

"设计驱动式创新"要求企业先勾勒出未来发展的蓝图，描绘出全新的理念，然后通过产品将这些蓝图与理念传递给顾客。像任天堂公司的Wii游戏机、苹果公司的iPod音乐播放器，都是"设计驱动式创新"模式的发展成果。

企业要勾勒出全新的蓝图与理念绝非易事，维甘提教授花了几十年时间，研究企业蓝图与理念产生方式，深入软件公司、家具制造企业、金融机构等各种企业内部，研究各类成功案例，找到了企业获取商业利益与品牌效益的关键所在。

以任天堂为例，该公司的发展蓝图是：扩大游戏受众群，让来自世界各地的人，不论年龄、性别还是游戏经历，都能享受到游戏的乐趣。其基本理念是：从玩家角度制作游戏。基于上述蓝图和理念，他们生产了很多操作简单、容易上手的游戏，实现了各个年龄段的玩家都能无障碍地畅游其中。

1996年诞生的《口袋妖怪》系列游戏，就是在这种理念引导下制作出来的游戏的典型代表。此款游戏看起来简单，但有着众多的忠实粉丝，年龄段也不仅仅局限于少年儿童。《口袋妖怪》吸引玩家的特点主要有以下几点。

第一，游戏迎合了玩家们的喜好。《口袋妖怪》系列游戏集收集、冒险、通信、对战于一身，除主线剧情外，还有趣味性十足的小游戏与其融为一体。对各个年龄阶段的玩家具有极大的吸引力。《口袋妖怪》系列游戏的成功，使得"收集、冒险、通信、对战"成为任天堂制作游戏坚持的重要原则。

第二，游戏操作简单，容易上手。《口袋妖怪》系列游戏模式相似，但是每个版本的内容是不同的。相同的模式可以在潜移默化中增加玩家对游戏的亲切感，不同的内容可以让玩家每次游戏之旅都有新的体验。游戏的简单操作使得人们只要拿出足够的时间，就能享受到游戏的乐趣。

第三，《口袋妖怪》处于不断地更新发展中，使受众始终保持高度关注。《口袋妖怪》系列游戏每年都会产出新作品，与游戏相关的动画片以每周一集的速度上映，动画电影剧场版也是每年都会在暑期档上线。另外，任天堂官方还会经常采用活动营销的方式，根据节庆、时令举办一些游戏对战大赛和配置活动，保持与玩家的互动，保证玩家对这个游戏的关注度保持在一个不错的水平上。

第四，游戏每次都采用双版本模式发行，两个版本略有区别，在某些设置上稍有不同，给玩家以选择空间。双版本模式一直被使用，效果良好。一方面，双版本可以满足不同玩家的不同需求；另一方面，也给玩家间掌机互动提供了契机，不同版本的玩家可以通过掌机通信交换宠物，以满足自己收集的愿望。

维甘提教授的研究发现，那些采用"设计驱动式创新"的企业，大多都对市场的需求有敏锐的洞察力。但与普通公司不同的是，他们不去迎合市场需求，而是在特定的目标和理念指引下，通过精心设计的产品来引爆顾客的需求，引领市场潮流。

当然，任天堂的战略目标不仅是要吸引忠实玩家，还要吸引更多新玩家加入任天堂游戏玩家的行列之中。任天堂社长岩田聪曾说过："我们的竞争对手不是微软和索尼，而是那些对电子游戏毫无兴趣、态度冷淡的人。"这样的理念使任天堂在制作游戏的过程中，会着重考虑如何让更多玩家玩得快乐。

那么，怎样才能让更多玩家玩得快乐呢？维甘提教授在总结顶级"设计驱动式创新"公司的竞争策略后提出：企业必须要目光长远，在关注顾客与用户的同时，与各类"诠释者"保持密切合作。所谓"诠释者"是指各种专业人士或团体，如艺术家、技术供应商，企业要做的就是鉴别、挑选合适的"诠释者"，并与之合作。

（资料来源：作者根据相关资料整理）

4.2.2 常见的创新方法

大千世界，林林总总，蕴藏着无数的秘密。人类文明之所以发展到今天，正是在不断地探索这些秘密、解决问题的过程中，积累经验和智慧。但是，直至今天，仍有数不清的秘密、问题等待人们去解决、去探索。生活中，经常会碰到类似的场景：当你对问题百思不得其解的时候，一个新想法会不期而至。这个新想法是怎么来的？它除了对解决当下问题有意义外，对人生有无意义？我们应该怎样培养寻找它的意识，拓宽产生它的途径？

（一）优缺点互补创新法

1. 概念

优缺点互补创新法，即将两种或多种技术结合，克服其缺点，结合其优点，取长补短，从而得到新的技术发明。优缺点互补创新法常有负熵流耗散与抵消正熵流的作用，正熵流通过负熵流而被抵消或减少，系统的有序性、功能性即可被提高，使系统产生高一级的循环，发挥更大的系统功能，这正是互补的最大作用和最终目的。

2. 内涵

生活中常发生这样的趣事：当某事物的缺点移用到别的事物时，有可能成为该事物的优势；将两事物的缺陷进行叠加，也会产生出一个很有特点的事物。一项发明创造采用优缺点互补创新法能否被创造成功，关键在于所选取的两个对象之间的优缺点是否具有互补性（图4-1）。如果所选取的两个对象的优缺点类似，或者两个对象之间的优缺点毫无关联，使一个对象的缺点不能被另一个对象的优点克服，则这项发明创造很难因采用优缺点互补创新法而获得成功。

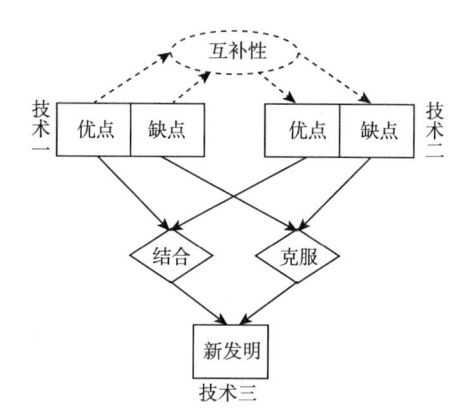

图 4-1 优缺点互补创新法

案例 4-2

具有低风险的互补式创新

并不是只有颠覆性创新才是创新，且颠覆性创新很难被大多数企业借鉴。由宾夕法尼亚大学沃顿商学院教授大卫·罗伯特森提出的"互补式创新"的概念，则是以一种更低风险的创新方式。企业如果能够围绕核心产品或服务，开展其在用户体验、消费场景等方面的持续创新，那么，它往往能产生更可观的收益。

要形成"产品家族"

罗伯特森认为，基于小想法的创新，能够在产品的持续迭代中，形成有互补性质的"产品家族"。iPhone系列手机中引以为豪的iOS操作系统，就是通过多年的版本进化，实现了各类功能的累进式增长。在2007年1月9日苹果刚刚发布该操作系统时，它甚至没有一个特定的名字，史蒂夫·乔布斯仅仅称其为"软件"。2008年1月系统更新时，该系统则添加了地图、股票、天气、邮件等功能。2008年3月，iOS 2中又增加了App Store等功能。这些功能的互相配合，让智能手机的使用场景得到巨大延伸。

在接下来的iOS 3、iOS 4、iOS 5中，Siri、iMessage、FaceTime、iBooks等核心功能不断产生，基于iOS操作系统的软件产品家族，也就此成为苹果产品中最具协同效应、同时也最有助于提升产品价值的要素之一。

而在2016年6月苹果发布iOS 10时，首次大规模开放了系统对第三方合作者的权限。由此，不少第三方App也可以被整合进入苹果设备的主屏幕之中，甚至一些App还能在锁屏状态下提供服务,让用户无须解锁屏幕也能够快捷操作。

当企业能够建立并不断扩大这类让自身与第三方合作者们互补的"产品家族"时,企业所提供的产品或服务,也将在持续的创新中更具竞争力。

只为单一目标战略而实施

"企业的互补式创新,必须要构建一个成体系的、目标明确而单一的战略。"在罗伯特森看来,迪士尼就是当企业自有创新活力下降后,整合外部资源进行互补式创新的典型企业。

在创立之初,迪士尼原创的米老鼠、唐老鸭、高飞等动画角色,成为迪士尼推出影视周边商品、开发迪士尼乐园游乐项目的核心资源。"IP化思维"在近几年引发了业界热议,但实际上,这早已是迪士尼数十年来的重要经营战略。

然而,无法持续塑造经典卡通人物,使得迪士尼在创新方面不得不另寻出路。尤其是当连续出品了在罗伯特森看来令人昏昏欲睡的《闪电狗》《公主与青蛙》等影片后,迪士尼能否维系其经典卡通IP塑造者的战略,成为他关注的问题。

注意到了这一问题严重性的迪士尼CEO罗伯特·艾格,开展了一系列对外收购行为。收购的标的均为有强大IP资源的影视公司,它们旗下或真人、或动画的热门IP,将可以被有效嵌入迪士尼既有的IP开发网络,实现互补式创新。2006年,迪士尼收购了曾推出《玩具总动员》的皮克斯公司;2009年,拥有包括美国队长、钢铁侠、雷神索尔在内的五千多个漫画角色的漫威工作室,被迪士尼收归旗下;2010年,《星球大战》系列IP持有者——卢卡斯电影公司,加入了迪士尼的大家庭。

皮克斯、漫威与卢卡斯旗下的IP,均有巨大的经济价值。其中,仅《星球大战》系列IP诞生40年来所产生的衍生品收入,就超过200亿美元。它们成为迪士尼IP战略体系中的补益部分,不仅为迪士尼原本已娴熟的IP运作能力提供了更大的舞台,还为迪士尼提升了IP战略的护城河深度。

必须围绕"中心产品"

在互补式创新中关键的一点是,不同于颠覆性或激进性的创新,互补式创新往往会围绕企业的一类中心产品,并且在创新中,其根本功能不会变。

罗伯特森认为,没有中心产品的企业就如同无源之水,难以为企业维持核心竞争优势。

从20世纪末开始,电子游戏行业受计算机技术的发展影响而迎来迅猛增长,这给乐高公司带来了巨大挑战。1998年,乐高出现了罕见的亏损。犹如惊弓之鸟的乐高时任管理层们,开始了对公司命运的反击:他们耗费3年时间建立了140余个教育基地,并发起了代号为"达尔文项目"的网络游戏项目,希望在这些全新领域中拓展公司发展的机会。

但这些尝试无一例外全部失败了,到了2003年,乐高的产品销售量同比下降30%,公司的负现金流也达到1.6亿美元。

在一系列挫折后，以公司CEO约恩·维格·克努德斯托普为代表的乐高新管理层，终于回想起了乐高创始人奥勒·基奥克·克里斯第森当初所总结的经营心得：乐高公司的游戏体验，并非建立在具体的产品之上，而是建立于乐高积木及其拼砌体系之上。

克努德斯托普之后采取了一系列改革措施，如精简掉超过一半的产品线，修复乐高在此前几年与零售商之间的紧张关系，出售乐高大厦以回笼资金等。这一切的目标，就是回到乐高的"中心产品"——积木和拼砌体系上来，具体来说，就是回到乐高城市系列和得宝系列上来。之后，乐高又在全世界范围内，鼓励粉丝们发挥创意，共同设计出如乐高头脑风暴NXT等新产品玩法。此外，乐高的概念实验室，也推出了乐高棋盘游戏等高市场认可度的产品系列。在这些构建于企业核心竞争优势之上的互补性创新中，乐高终于迎来了又一个高速发展时期。

乐高、苹果这类公司的重新崛起，体现出了"中心产品"对于一家企业的价值。

（资料来源：作者根据相关资料整理）

（二）逆向思维创新法

1. 概念

逆向思维创新法，即思考问题不遵循常规思路，而是反其道而行之，从常规思路的反方向探求寻找解决问题的思路。逆向思维常常使问题获得创造性解决。这种创新方法在于打破习惯性的思维方式，变单向思维为多向思维，看问题持怀疑的态度或批判的思维，从另一个角度来思考问题，以获得不一样的创造性成果。我国有很多谚语都含有逆向思维的观点，例如"反其道而行之""明知不可为而为之""明知山有虎、偏向虎山行""最危险的地方就是最安全的地方"等。

2. 逆向思维创新法的类型

（1）结构性反转法。这种创新方法基于事物本身的结构，从已有事物的相反结构形式去思考，探索解决问题的新思路。日本夏普公司突破了"烤东西，工具在下方，食物在上方"的传统思维，把电热铬镍合金丝安装在食物的上方，这样的结构不仅达到了烤熟的目的，而且在烧烤过程中滴下的油脂不会燃烧冒烟，也解决了油脂滴到电热丝上可能导致的安全问题，以及电热丝的寿命问题。

（2）功能性反转法。这种创新方法是指基于事物的使用价值和功能，从已有事物的相反功能去思考，企图另辟蹊径找到一种全新的、独特的解决问题的途径。

（3）角度性反转法。这种创新方法基于思考的角度，即当某种技术目标或技术研究按常规思路屡攻不下时，可以变换角度，从另一个方向思考，探索技术目标或技术研究的解决办法。古时候人们一般采用堵塞来治水，而大禹却突破性地采用疏导方式来治水，获得成功；田忌赛马的故事中，在面对强大的对手时，如果采用上对上、中对中、下对下的应战方式，必输无疑，而田忌通过调整应战马匹的顺序，最后战胜了强大的对手。

（4）缺点逆用法。这种创新方法巧妙地利用事物的缺点，变劣势为优势，创造出具有独特个性的事物。任何事物都是矛盾的统一体，但是矛盾并不是只能对立，也可以相互转化。只要全面地研究事物的各种属性及相互关系，就可以巧妙地利用其缺点，创造出新的技术、新的事物。例如，美国艾士隆公司的"丑陋玩具"，其设计发明就是基于这样一种思维。

3. 逆向思维的形式

（1）原理逆向。原理逆向就是指从事物原理的相反方向进行思考。例如：制冷与制热、电动机与发电机、压缩机与鼓风机。利用重力压冰的"冰上破冰"船比利用海水浮力破冰的"冰下破冰"船效率更高；伽利略设计温度计，水的温度的变化引起水的体积变化，反过来水的体积变化也能看出温度的变化。

（2）功能逆向。功能逆向就是指按事物或产品现有的功能进行相反的思考。例如保温瓶（保热）装冰（保冷）。

（3）结构逆向。结构逆向是指从已有事物的逆向结构形式中设想，以寻求解决问题新途径的思维方法。例如：第四届中国青少年发明创造比赛中获一等奖的"双尖绣花针"，其发明者是武汉市义烈巷小学的学生王帆，他把针孔的位置设计到中间，两端加工成针尖，从而使绣花的速度提高近一倍。

（4）属性逆向。属性逆向就是指从事物属性的相反方向进行思考。例如："空心"代替"实心"、反向电视机。

（5）程序逆向或方向逆向。程序逆向或方向逆向就是指将已有事物的构成顺序、排列位置倒过来而进行的思考。1877年，爱迪生在实验改进电话机时发现，传话器里的间膜随着说话的声音引起相应的颤动。那么反过来，同样的颤动能不能转换为原来的声音呢？根据这一想法，爱迪生又发明了留声机。

又如，有一场奇特的骑马比赛，不是比快，而是比慢，谁的马慢，谁就是胜利者。于是参赛的两匹马慢得几乎停止不前，眼看天要黑了，比赛仍没有结果，大家都很着急。这时，有人想出了一个什么样的办法呢？他让两个骑手换骑对方的马，只有让对方的马快些，自己的马才能相对慢些，这样，比慢变成了比快，比赛就能很快结束。

4. 逆向思维的优势

（1）在日常生活中，常规思维难以解决的问题，通过逆向思维却有可能轻松破解。

（2）逆向思维会使你独辟蹊径，在别人没有注意到的地方有所发现，有所建树，从而制胜。如做钟表生意的都喜欢说自己的表准，而一个表厂却说他们的表不够准，每天会有1秒的误差，表厂不但没有失去顾客，反而大家非常认可，踊跃购买。

（3）逆向思维会使你在多种解决问题的方法中获得最佳方法和途径。

（4）生活中自觉运用逆向思维，会将复杂问题简单化，从而使办事效率和效果成倍提高。

（5）逆向思维可被运用在各个投资领域，包括房地产、股票等。其最宝贵的价值，是它对人类认识方法的挑战，是对事物认识的不断深化，并且由此产生了"原子弹爆炸"般的威力。

5. 逆向思维需要注意的点

运用逆向思维必须深刻认识事物的本质，所谓逆向不是简单的表面的逆向，不是别人说东，我偏说西，而是真正从逆向中做出独到的、科学的、令人耳目一新的超出正向效果的成果。

应坚持思维方法的辩证统一。正向和逆向本身就是对立统一、不可截然分开的，所以以正向思维为参照、为坐标，进行分辨，才能显示其突破性。

（三）组合技术创新法

1. 概念

组合技术创新法是指利用创新思维将已知的若干事物合并成一个新的事物，使其在性能和服务功能等方面发生变化，以产生出新的价值。以产品创新为例，可根据市场需求分析比较，得到有创新性的技术产物，包括功能组合、材料组合、原理组合等。

2. 组合型技术创新法常用的几种方法

（1）主体附加法。以某事物为主体，再添加另一个附属事物，以实现组合创新的技法叫作主体附加法。在市场上，许多商品是采用这一技法创造的。例如，在可擦圆珠笔上安上橡皮头，在电风扇中添加香水盒，在摩托车后面的储物箱上装电子闪烁装置。主体附加法是一种创造性较弱的组合，人们只要稍加思考和动手就能实现，只要附加物选择得当，便可以产生巨大的效益。

（2）异类组合法。将两种或两种以上的不同种类的事物组合，生成新事物的技法被称为异类组合法。

（3）同物自组法。同物自组法就是将若干相同的事物进行组合，以图创新的一种创新技法。例如，在两支钢笔的笔杆上分别雕龙刻凤后，一起装入精致考究的笔盒里，称为"情侣笔"，可作为馈赠新婚朋友的礼物；把三支风格相同颜色不同的牙刷包装在一起销售，称为"全家乐"牙刷。同物自组法的创造目的，是在保持事物原有功能和原有意义的前提下，通过数量的增加来弥补不足或产生新的意义和新的需求，从而产生新的价值。

（4）重组组合法。任何事物都可以看作是由若干要素构成的整体。各组成要素之间的有序结合，是确保事物整体功能和性能实现的必要条件。如果有目的地改变事物内部结构要素的次序，并按照新的方式进行重新组合，以促使事物的性能发生变化，便是重组组合。在进行重组组合时，首先要分析研究对象的现有结构特点；其次要列举现有结构的缺点，考虑能否通过重组克服；最后确定选择什么样的重组方式。

（5）信息交合法。信息交合法是指建立在信息交合论基础上的一种组合创新技法。信息交合法有两个基本原理：其一，不同信息的交合可产生新信息；其二，不同联系的交合可产生新联系。根据这些原理，人们在掌握一定信息基础上通过交合与联系可获得新的信息，实现新的创造。

案例 4-3

土豆和优酷为什么选择合并

2012年3月12日，优酷和土豆共同宣布，双方已于3月11日签订最终协议，优酷和土豆将以100%换股的方式合并，新公司名为优酷土豆股份有限公司，土豆网将退市。

这则爆炸性的消息传出后，搜狐董事局主席张朝阳也马上出来表态，并进行自我调侃以暗示自己并不担心这个合并案；时任搜狐副总裁、搜狐视频首席运营刘春也表示，这没什么好紧张的。但是，最新的段子还是马上出来了：合并案后，最高兴的可能不是优酷或土豆的员工，而是张朝阳——由于优酷和土豆的合并，搜狐视频一下子从第三升到了第二，年度工作任务一下子就达成了！

笑话归笑话，实际归实际。优酷土豆的合并，在"赢者通吃"的互联网行业，对于其竞争对手来说，虽不是灭顶之灾，但在未来的一段时间内，能令其竞争对手焦头烂额是肯定的。毕竟，本来处于"战国"时代的在线视频行业，突然出现了一个巨无霸，这对优酷土豆的任何一个竞争对手来说，绝非好事。

然而，强者与强者的联合，对于优酷和土豆来说，都是一个非常明智的选择。

根据DCCI互联网数据中心的统计，尽管优酷和土豆的市场份额合起来超过了50%，2011年的净收入合起来超过14亿元，但两者都没有盈利，其净亏损合起来超过了6.8亿元，至于何时能盈利，至今都没能给出时间表。二者都在境外上市，也都能融到资金，但是，投资者不可能一直坐视二者亏损下去的，优酷与土豆，必须寻找出路。

合并，就是他们寻到的出路。

首先，两者合并可以降低运营成本。优酷与土豆合并后，成为行业切切实实的第一名，在与准备收购的视频的版权方的谈判中，其优势是显而易见的；而且，同样的内容，以往需要付两份版权费用，而现在则只需要付一份费用就可以了。在企业运营的其他方面，规模效应也能发挥作用。

其次，两者的合并，有利于提高竞争力。众所周知，在线视频行业中，有新浪、搜狐、腾讯等门户网站，门户网站中的其他内容可以为其视频业务带来大量的流量，而优酷土豆却没有这种优势，所以他们必须联合起来，扩大其市场份额，才能与门户网站进行更有力的竞争。

最后，打击了竞争对手。在互联网行业，赢者通吃，行业只知有第一，不知有第二，尤其是在线视频这种高度同质的行业更是如此。优酷土豆合并，能够极有力地打击竞争对手。

两者合并，开源与节流双管齐下，是扭转其亏损命运的有效策略，并向外界发出了一个可以预期的盈利信号。据新浪消息，北京时间2012年3月12日21:33，优酷股价开盘上涨21%，报30.34美元；土豆飙升158%，报39.78美元。2016年，优酷和土豆被阿里巴巴以51亿美元的价格收购，正式成为阿里巴巴的全资子公司。

（资料来源：作者根据相关资料整理）

（四）希望点列举创新法

1. 概念

希望点列举法是由内布拉斯加大学的克劳福特（Robert Crawford）发明的。这是一种不断提出"希望""怎么样才会更好"等的理想和愿望，进而探求解决问题和改善对策的技法。此法是通过提出对该问题的事物的希望或理想，使问题和事物的本来目的聚合成焦点来加以考虑的技法。"希望点"就是指创造性强且又科学、可行的希望。列举法，是指列举希望新的事物具有的属性以寻找新的发明目标的一种创造方法。希望点列举创新法图示说明如图4-2所示。

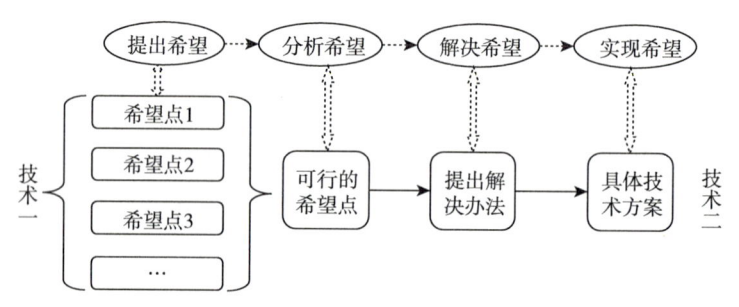

图4-2　希望点列举创新法图示说明

2. 希望点列举创新法的三个主要执行步骤

（1）激发和收集人们的希望。

（2）仔细研究人们的希望，以形成"希望点"。

（3）以"希望点"为依据，创造新产品以满足人们的希望。

3. 具体做法

用希望点列举创新法进行创造发明的具体做法如下所示。

（1）召开希望点列举会议，每次可有5~10人参加。

（2）会前由会议主持人选择一件需要革新的事情或事物作为主题，随后发动与会者围绕这一主题列举出各种改革的希望点；为了激发与会者产生更多的改革希望，可将每个人提出的希望点用小卡片写出，公布在小黑板上，并在与会者之间传阅，这样可以在与会者中产生连锁反应。会议一般举行1~2小时。产生50~100个希望点，即可结束。

（3）会后再将提出的各种希望进行整理，从中选出目前可能实现的若干项进行研究，制订出具体的革新方案。

4. 注意事项

（1）由列举希望点获得的发明目标应与人们的需要相符，更能适应市场。

（2）希望是由人想象而产生的，思维的主动性强，自由度大，所以，列举希望点所得到的发明目标含有较多的创造成分。

（3）列举希望时一定要注意打破定势。

（4）对于希望点列举创新法得到的一些"荒唐"意见，应用创造学的观点进行评价，不要轻易放弃。

（5）举例法与列举法不同。

案例 4-4

如何实现性能与价格的双重极致

2016 年 3 月 6 日，混沌研习社与小米科技联袂推出创新管理专场讲座：小米移动电源负责人张峰，在讲座中分享了他的产品经，即性能与价格的双重极致，要经历几道坎。

张峰在讲座开场时便说，小米移动电源一开始，就是极致性能和极致价格突出的矛盾体。他回忆道："当雷总跟刘总找我去谈，说我们要做移动电源的时候，实际上它给了我两个目标：第一个目标是用一流材料，做最高端的 99 元的移动电源；第二个目标是用国产电芯，做相对高端的 69 元的移动电源。"

他颇为感慨地说："我跟我们的团队做了很多的研究，发现 99 元的移动电源相对来讲有机会，但是 69 元的移动电源非常困难。所以我们想先做 99 元的，只做一款产品，因为这符合我们既要专注，又要极致的一贯追求。"

他们带着这个想法去找雷总和刘总，以为这个"只做一款最高端的产品的想法"，必然会得到两位领导的认可。因为在他们看来，这个想法符合公司理念，而且这个想法是他们团队经过讨论、大家都认同的想法。

可让他们没想到的是，虽然雷总和刘总都认同他们只做高端的想法，但是，在临走的时候，雷总却说："99 元不是一个用户会感觉说很有竞争力的价格，我觉得这一款产品要 69 元。"

张峰在回忆当时的情境时，脸上表情很痛苦："我听了雷总的话以后，都不知道是怎么离开公司的。从一开始，小米移动电源就是一个极致性能和极致价格的突出矛盾体，我们选了 99 元的性能，最后的价格却要做到 69 元！"

小米移动电源的开发，就是一个用"期望点列举创新法"做产品的问题。小米科技从市场需求的角度，提出了对新产品——移动电源的期望，这个期望既包括产品的性能、外观和品质，也包括它的价格定位。

把一个产品做到极致，不但要解决性能、质量等技术问题，还要解决美观、工艺和用户体验等各方面的问题，这对大多数企业来说已经十分艰难。而要在产品极致的前提下把价格做到极致，定下一个使用户激动的数字，则要进一步解决原材料性价比的稳定、与供应商的双赢、订单与生产能力的协调等更为复杂的问题。

可见，在产品开发过程中，通过期望点列举确定产品定位固然重要，但要按照期望把产品开发出来，过程会十分艰难。小米移动电源的开发和量产，就是在解决上述问题的过程中，拼命跨过了"梦想、性能、价格、供应链、病毒和股东"这6道坎，才完成了颠覆业界的单品绝杀。

（资料来源：作者根据相关资料整理）

（五）触类旁通创新法

1. 概念

触类旁通，其含义是接触到一种事物，即联想到相类似的其他事物。出自《周易·系辞上》："引而伸之，触类而长之，天下之能事毕矣。"触类旁通创新法就是通过掌握一种知识、技能而推知、悟得同类知识、技能的方法。孔子提倡学习中应学会"举一反三""闻一知十"，其道理是相通的。国内外有很多触类旁通进行创新的例子。例如，牛顿在苹果树下看到苹果落地，就想到了与之相类似的其他现象。

2. 运用触类旁通法的一般要求

（1）要注意学习和掌握基础知识和基本技能。基础知识也就是那些能产生知识的知识，即带有典型性、代表性的知识。这些知识、技能是进行触类旁通学习的基础。当然，这些知识必须是科学的、正确的，这样才能保证由此产生的知识的科学性和正确性。

（2）要善于联想和推理。要学会观察、比较及逻辑思维的一般形式方法，善于发现和推断知识之间的本质联系和区别，这样才能由已知经过联想、推理等手段达到触类旁通。

（3）在学习实践中，积累必要的学习经验或模式。根据一些人的实践经验，进行"触类旁通"学习主要有以下两种形式。①横列式。所谓横列式，是指那些存在类属关系的事物横列于同一平面上，其共性因素颇为明显，牵一丝而动整体，一通百通。②纵贯式。同类事物，看似互无牵涉，但揭开表层，却有本质关联，知其一即可推及同类。

案例 4-5

液体手套的发明

日本一家机械工厂的一名中国工人，在某天早晨醒来时，产生了发明液体手套的想法。

机械工厂的精密零件，大部分都需要经过人手加工。为了防止工作器物生锈，工人必须整天戴手套。为了使手指头更加灵活，手套做得十分紧密，所以不但戴上脱下时相当麻烦，而且工人手指容易腐蚀或破烂，所以这一笔经费负担非常庞大。"难道没有更好的办法吗？"每次戴上这麻烦的手套时，他心里便不禁想到。一天，他在帮助妹妹做纸工时，满手指的糨糊竟在和妹妹谈话中完全干掉，变成一层透明的薄膜，紧裹着手指。

"呃！好像戴着手指套嘛！工厂的橡皮手套，要是能够像这样简单多好！"

他回到自己的房间，继续构思着液体手套的想法。他记得小时候，有一次穿着父亲给他买的新衣服出门在雨后泥泞的道路上走的时候，不小心滑倒了。为保护新衣服，他赶紧用双手支撑身体，结果虽然衣服没有弄脏，但双手却满是泥巴，又因没有东西可擦，只好双手满是泥巴回家。回到家里时，双手的泥巴已经干了。"对啦，对啦！"他躺在床上，直盯着天花板，心想："把手浸在泥巴或糨糊般的液体里，使它迅速干燥就行了。不用时，在水里或药液中泡下，即像剥皮似的洗掉是最理想的了。"

后来，他把他的创意上报给工厂，经过工厂五六十人交换意见、仔细研究以后，终于发明了"液体手套"。使用时，把双手浸一下化学药液，便可立即变成一层透明的薄膜，像戴上橡皮手套一样。这种手套很柔软、很舒适，而且富有弹性。作业完成之后，把手泡在水里，即可完全溶解掉。

（资料来源：作者根据相关资料整理）

（六）强制联想创新法

1. 概念

强制联想法又称焦点法，由美国学者C.S.Hvard提出，指的是运用强制性连接方式以产生创造性的方法。

一般的创新活动，鼓励自由奔放的联想，这样可以引起联想的连锁反应，诱发出许多有益的创新设想。然而，在现实中，有时所提供的两种事物根本就风马牛不相及，但由于实际需要，也得将它们强扭在一起，从中找出创意。这种创新方式被称为强制联想创新法。

2. 执行方式

先选择欲改善的焦点事物，多方罗列与焦点无关的事物，然后强行列举事物与焦点对象结合的方案，最后选择最佳方案。

3. 强制联想法的优点

（1）有利于克服联想定势和思维定势，把联想从熟悉的领域扩展到陌生的领域，甚至是意想不到的领域。

（2）不仅充分发挥既有设计及其相互组合的潜力和效益，而且强化和深化开发性重新组合的创造性和新颖性。既能够自成一体、连续更新和开发，又能够同其他方法相结合，构成大量非常规的新设想、新设计、新方案。

4. 运用强制联想法需要注意的点

（1）多方面、多角度、多层次地把不同的事物和不同的设计强制联想，差异性和跳跃性越大，就越容易打开思路，超常组合。

（2）强制联系以发散式联想和思维为主，越广阔越好；强制结合以收拢式联想和思维为主，越集约越好。

（3）借助矩阵排列和电子计算机辅助设计，把各种强制联系和强制结合划分成已有的、平庸的、改进的、新颖的、奇特的五大类，去掉第一类、第二类，保留第三类、第四类，变换和修正第五类。

案例 4-6

自动称量体重的椅子

某家具厂专门生产皮面高档靠背椅，市场反应很好，急需扩大生产规模。可厂区四周并没有可以扩展的空间。相邻的衡器厂生产磅秤，质量不错，但是在激烈的市场竞争中未能站稳一席之地。家具厂有心兼并衡器厂，但无力处理该厂的先进生产线。为了寻求最佳方案，两家企业都发动员工积极想办法，但过了很久还是一无所得。有一天，一个工人提出了一个怪想法，倒引起了大家的兴趣。他将椅子与磅秤这两个毫无瓜葛的东西强扭在一起——生产能自动称量体重的椅子。理由是：高档皮椅的消费者多数是条件优越的人，这些人大多有减肥需求，椅子时时提醒体重，必受欢迎。再说，家中偶尔需要称量重物时，也很方便的。这个创意让两个厂的同志都觉得很新鲜。

将椅子与磅秤嫁接在一起，生产称量体重的靠背椅，不管创意最后是否落实到行动上，新产品是否投入生产，但是作为强制联想创新案例，也是不错的想法。

（资料来源：作者根据相关资料整理）

（七）缺点列举法

1. 概念

缺点列举法是通过找出事物的缺点和不足，克服缺点，利用缺点，变弊为利。

任何事物总有缺点，但人们总是期望事物能够尽善尽美。这种客观存在着的现实与愿望之间的矛盾，是推动人们进行创造的一种动力，也是运用缺点列举法进行创新的客观基础。缺点列举法的特点是直接从社会需要的功能、审美、经济等角度出发，研究对象的缺陷，提出改进方案，简便易行。此法主要围绕原事物的缺陷加以改进，一般不改变原事物的本质与总体。缺点列举法可以帮助人们突破"问题感知障碍"，启发人们发现问题，找出事物的缺点和不足，从而针对性地进行发明和创新。

2. 训练步骤

（1）选定某项事物或现象，有形的、无形的、工作上的、学习上的、生活上的均可。

（2）运用扩散思维尽可能多地列出现有事物的缺点。

（3）找出急需解决的1~2个缺点。

（4）围绕主要缺点，应用各种创新思维尽可能多地提出解决方案。

（5）从众多的解决方案中选出一个最佳方案加以实施。

3. 寻找缺点的思路

任何事物都有缺点，我们以圆珠笔为例进行探究。

（1）从事物的功能和用途入手。例如，圆珠笔是市场中销售量很大的一种产品，它的基本功能是书写。但是没有灯光的黑夜中，书写功能就不能实现，这就是个很大的缺点。因此，人们在圆珠笔的另一端加上了一个小灯，从而给夜间在野外工作的人提供了极大方便。再如，圆珠笔还有一个缺点，就是天气冷时影响书写，因为里面的油墨被"冻住"了。于是有人想到了增加一个保温层，来解决这个问题。还有，可以找到圆珠笔"莫须有"的缺点，例如，人们用它来写字，但这个字是否是使用正确的握笔姿势写出来的，圆珠笔却管不了。对于刚写字的儿童来说，正确的握笔姿势很重要，所以还可以给圆珠笔增加矫正握笔姿势功能，也就是说它同时是个握笔器。

（2）从事物的构成入手，比如结构、材质、制造方法等。现有的材质和结构需要改进吗？包括笔杆、笔帽、笔芯、笔珠、油墨、弹簧等。现有的材质有哪些缺点？笔帽容易丢失吗？可以改用哪些材质来解决这一问题？塑料、竹子、木头、钢、不锈钢、磁铁、铝或纸……

（3）从对事物的描述方面入手，比如色彩、造型、长短、轻重、大小等。现有的圆珠笔颜色需要改进吗？为什么不多生产些绿色的、对眼睛有保护作用的颜色呢？造型单调吗？可以改进成哪些样子的？大小可以改变吗？

4. 两个阶段

（1）列举缺点阶段。列举缺点阶段，即召开专家会议，启发大家找出分析对象的缺点。如探讨技术政策的改进问题，会议主持者应就以下几个问题进行提问，启发大家：现行政策有哪些不完善之处？在哪些方面不利于科学技术进步和科技转化为生产力？科技劳动人员积极性不高与现行的技术政策有关吗？等等。寻找事物的缺点是很重要的一步。缺点找到了，就等于在解决该问题的道路上走了一半。这就是缺点列举法的第一阶段。

（2）探讨改进政策方案阶段。在这一阶段，会议主持者应启发大家思考存在上述缺点的原因，然后根据原因找到解决的办法。会议结束后，应按照"缺点""原因""解决办法"和"新方案"等项列成简明的表格，以供下次会议或撰写政策分析报告用，亦可从中选择最佳政策方案。

5. 实施步骤

用缺点列举法进行创造发明的具体做法是：召开一次缺点列举会，会议由5~10人参加，会前先由主管部门针对某项事务，选出一个需要改革的主题，在会上发动与会者围绕这一主题尽量列举各种缺点，越多越好，另请人将提出的缺点逐一编号，记在一张张小卡片上，然后从中挑选出主要的缺点，并围绕这些缺点制定出切实可行的改进方案。一次会议的时间在一两个小时之内，会议讨论的主题宜小不宜大，即使是大的主题，也要分成若干小题，分次解决，原有的缺点就不致被遗漏。

缺点列举法的应用面非常广泛，它不仅有助于革新某些具体产品，解决属于"物"一类的硬技术问题，而且还可以应用于企业管理中，解决属于"事"一类的软技术问题。

案例 4-7

李政道运用缺点列举法研究孤子理论

著名的诺贝尔物理学奖获得者李政道教授曾经运用缺点列举法研究孤子理论。他曾对年轻人说："你们想在科学研究工作中赶上、超过人家吗？那你一定要摸清楚在别人的工作里，哪些地方是他们不懂的，看准了这一点，深入下去，一定会有所突破，你就能超过人家，跑到前头去了。"李政道在一次听演讲中了解到非线性方程有一种孤子解。为了弄清这个问题，他找遍了几乎所有关于孤子理论的文献，然后关起门来，花了一个星期的时间，专门寻找、挑剔和比较别人在这方面研究中所存在的弱点。后来，他发现所有的文献都只研究一维空间中的孤子，而在物理学中更有广泛意义的却是三维空间。这在该领域是一个不小的缺陷和漏洞。他针对这个缺点和漏洞继续深入研究了几个月，找到了一种新的孤子理论，用它来处理三维空间的某些亚原子过程，并成功研究出许多新的科研成果。李政道教授的这种做法，就是缺点列举法的自觉运用。事后他高兴地说："于是在这个研究领域里，我从一无所知，一下子赶到人家前面去了。"

（资料来源：作者根据相关资料整理）

（八）奥斯本检核表法

1. 概念

亚历克斯·奥斯本是美国创新技法和创新过程之父。1941年出版的《思考的方法》提出了世界第一个创新发明技法"智力激励法"。1941年出版的世界上的第一部创新学专著《创造性想象》，提出了奥斯本检核表法。奥斯本检核表法是指利用一系列提问引导创新者围绕研究对象不断地从多角度、宽范围进行思考，以便启迪思路、开阔思考空间，使之更容易产生新设想和新方案的一种方法。其根据需要研究的对象的特点列出有关问题，形成检核表，然后一个一个来核对讨论，从而发掘出解决问题的大量设想，见表4-1。

表 4-1　奥斯本检核表

问题	拓展思考
能否他用	现有事物有无他用？保持不变能否扩大用途？稍加改变有无其他用途
能否借用	现有事物能否借用别的经验？能否模仿别的东西？过去有无类似的发明创造创新？现有成果能否引入其他创新性设想
能否改变	现有事物能否改变？如意义、颜色、声音、味道等改变之后效果如何

续表

问题	拓展思考
能否扩大	现有事物可否扩大应用范围？能否增加使用功能？能否添加零部件？能否扩大或增加高度、强度、寿命、价值
能否缩小	现有事务能否减少、缩小或省略某些部分？能否浓缩化？能否微型化？能否变得短点、轻点？能否压缩、分割
能否代用	现有事物能否用其他材料、元件？能否用其他原理、方法、工艺、结构等
能否调整	能否调整已知布局？能否调整既定程序？能否调整日程计划？能否调整规格？能否调整因果关系？能否从相反方向考虑
能否颠倒	作用能否颠倒？位置能否颠倒
现有事物能否组合	能否进行功能组合、原理组合、方案组合？能否进行形状组合、部件组合

2. 奥斯本检核表法的过程

奥斯本检核表法的核心是改进，即通过变化来改进。其基本做法是：首先，选定一个要改进的产品或方案；其次，面对一个需要改进的产品或方案，或面对一个问题，从不同角度提出一系列的问题，并由此产生大量的思路；最后，根据第二步提出的思路，进行筛选和进一步思考、完善。

（1）实施步骤。

①根据创新对象明确需要解决的问题。

②根据需要解决的问题，参照表中列出的问题，运用丰富想象力，强制性地一个个核对讨论，写出新设想。

③对新设想进行筛选，将最有价值和创新性的设想筛选出来。

（2）注意事项。

①要联系实际一条一条地进行核检，不要有遗漏。

②要多核检几遍，效果会更好，或许会更准确地选择出所需创新、发明的方面。

③在核检每项内容时，尽可能发挥自己的想象力和联想力，产生更多的创造性设想。进行检索思考时，可以将每大类问题作为一个单独的创新方法来运用。

④核检方式可根据需要，一人检核也可以，3~8人共同检核也可以。集体检核可以相互激励，产生头脑风暴，更有创新可能。

案例 4-8

手电筒的创新设计

使用奥斯本检核表法进行手电筒的创新设计，见表4-2。

表 4-2　手电筒的创新思路—奥斯本检核表法的运用

序号	检核项目	引出的发明
1	能否他用	其他用途：信号灯、装饰灯
2	能否借用	增加功能：加大反光罩，增加灯泡亮度
3	能否改变	改一改：改灯罩、改小电珠和用彩色电珠等
4	能否扩大	延长使用寿命：使用节电、降压开关
5	能否缩小	缩小体积：1号电池、2号电池、5号电池、7号电池、8号电池、纽扣电池
6	能否替代	代用：用发光二极管代小电珠
7	能否调整	换型号：两节电池直排、横排、改变式样
8	能否颠倒	反过来想：不用干电池的手电筒，用磁电机发电
9	能否组合	与其他组合：带手电收音机、带手电的钟等

（资料来源：作者根据相关资料整理）

（九）头脑风暴法

1. 概念

头脑风暴法是由美国创造学家亚历克斯·奥斯本于1939年首次提出、1953年正式发表的一种激发性思维的方法。在群体决策中，群体成员心理相互作用，易形成属于权威或大多数人的意见，即所谓的"群体思维"。群体思维削弱了群体的批判精神和创造力。头脑风暴法可分为直接头脑风暴法（简称头脑风暴法）和质疑头脑风暴法（也称反头脑风暴法）。前者是专家群体决策，尽可能激发创造性，产生尽可能多的设想的方法；后者则是对前者提出的设想、方案逐一质疑，分析其现实可行性的方法。

2. 原理

头脑风暴法的核心是高度自由的联想，用一种与传统会议截然不同的会议方式，给与会者创造一种信息互补、思维共振、设想共生的特殊环境，通过集体讨论、彼此激励、相互诱发、引起联想，使与会者能突破种种思维障碍和心理约束，毫无顾忌地提出各种想法，让思维自由驰骋，从而提出大量有价值的设想。

随着科学技术的发展，所遇到的问题的复杂性和涉及技术的多元化程度都提高了，个体苦思冥想将变得软弱无力，"群起而攻之"的战术则显示出越来越强大的威力。

3. 操作程序

（1）准备阶段。首先要确定此次会议的负责人，然后制订所要研究的议题是什么？抓住议题的关键。与此同时敲定参加会议的人数，5~10人较好。等确认好人数和议题之后，就可以选择会议的时间、场所。再准备好会议的相关资料，通知与会人员参加会议即可。

在会议开始阶段，先要暖场，和大家说一些轻松的话题，让彼此之间有些交流沟通，不会显得生疏。在大家逐渐进入状态后，就可以开始议题了。此时，主持人要明确告诉与会者，本次的议题是什么。这段时间不要占用太多，以简洁为主，之后大家可以开始讨论。在进行一段时间的讨论后，大家往往会有更多的关于议题的想法，但弊端是，这些想法有可能只是围绕着一个方向发散思维。这时，主持人可以重新明确讨论议题，使大家回味讨论的情况，重新出发，得到不同的方向。自由发言阶段，也称为畅谈阶段。畅谈阶段的准则是不允许私下互相交流，不能评论别人的发言等。在这种规定之下，主持人要运用自己的能力，引导大家进入一种自由的讨论状态。此外，要注意会议的记录。在会议结束的一两天内，主持人还要回访与会者，看是否还有更加新颖的想法，并且整理会议记录。根据解决方案的标准，对每一个问题进行识别，主要对是否有创新性、可行性进行筛选。经过多次斟酌和评断，找到最佳方案。

（2）专家组质疑阶段。在统计归纳完成之后，要对提出的方案进行系统性的质疑并加以完善。这是一个独立的程序，共分为三个阶段。

第一个阶段：将所有提出的想法和设想拿出来，每一条都要根据事实进行分析和质疑。值得提出的是，通常在这个过程中，会产生新的设想，对新的议题要有所针对地提出修改意见。

第二个阶段：和直接头脑风暴的原则一样，对每个设想编制一个评论意见一览表。主持人再次强调此次议题的重点和内容，使与会者能够明白如何进行全面评论。对已有的思想不能提出肯定意见，即使觉得某设想十分可行也要有所质疑。整个过程要一直进行到没有可质疑的问题为止，再总结和归纳所有的评价和建议的可行设想。整个过程要注意记录。

第三个阶段：对上述提出的意见再次进行删选，这个过程十分重要，在这个过程中，要重新考虑所有能够影响方案实施的限制因素，这些限制因素对最终结果的产生十分重要。分析组的组成人员应该是一些有能力，并且判断力高的专家。

（3）对质疑意见进行估价。对质疑过程中抽出的评价意见进行估价，以便形成对解决所讨论问题实际可行的最终设想一览表。对评价意见的估价，与对所讨论的设想进行质疑一样重要。在质疑阶段，重点研究有碍设想实施的所有限制因素。

由分析组负责处理和分析质疑结果。分析组要吸收一些有能力对设想实施做出较准确判断的专家参加。如果必须在很短时间就重大问题做出决策，吸收这些专家参加尤为重要。

4. 头脑风暴法成功的关键点

（1）自由畅谈。与会者不应该受任何条条框框限制，放松思想，让思维自由驰骋，从不同角度、不同层次、不同方位，大胆地展开想象，尽可能地标新立异、与众不同，提出独创性的想法。

（2）延迟批判。头脑风暴必须坚持不对任何设想作评价的原则，既不肯定某个设想，又不否定某个设想，也不对某个设想发表评论性的意见，一切评价和判断都要延迟到会议结束以后才能进行。这样做一方面是为了防止评判约束与会者的积极思维，破坏自由畅谈的气氛；另一方面是为了集中精力先开发设想，避免把应该在后阶段做的工作提前进行，影响创造性设想的大量产生。

（3）追求数量。头脑风暴会议的目标是尽可能多地获得设想，追求数量是它的首要任务。参与会议的每个人都要多思考，多提设想。至于设想的质量问题，可留到会后的设想处理阶段去解决。在某种意义上，设想的质量和数量密切相关，产生的设想越多，其中创造性设想就可能越多。

5. 头脑风暴法中主持人的技巧

（1）主持人应懂得各种创造性思维和技巧，会前要向与会者重申会议应严守的原则和纪律，善于激发成员灵感，使场面轻松活跃而又不失脑力激荡的规则。

（2）可轮流发言，每轮每人简明扼要地说清楚一个创意设想，避免变成辩论会或发言不均。

（3）要以赏识激励的同意语气和微笑点头的行为语言鼓励与会者多提设想，如说："对，就是这样！""太棒了！""好主意！这一点对开阔思路很有好处！"等。

（4）禁止使用下面的话语："这点别人已说过了""实际情况会怎样呢""请解释一下你的意思""我不赞赏那种观点"等。

（5）经常强调设想的数量，如平均3分钟内要发表10个设想。

（6）遇到人人皆才穷计短出现暂时停滞时，可采取一些措施，如休息几分钟，自选休息方法，包括散步、唱歌、喝水等，再进行几轮脑力激荡；或发给每人一张与问题无关的图画，要求讲出从图画中所获得的灵感。

（7）根据课题和实际情况需要，引导大家掀起一次又一次脑力激荡的"激波"。如课题是某产品的进一步开发，可以从产品改进配方思考作为第一激波，从降低成本思考作为第二激波，从扩大销售思考作为第三激波等。又如，对某一问题解决方案的讨论，引导大家掀起"设想开发"的激波，及时抓住"拐点"，适时引导进入"设想论证"的激波。

（8）要掌握好时间，会议持续1小时左右，形成的设想应不少于100种。但最好的设想往往是在会议快结束时提出的，到了预定结束的时间可以根据情况延长5分钟，这是人们容易提出好的设想的时候。1分钟内再没有新主意、新观点出现时，头脑风暴会议可宣布结束或告一段落。

案例 4-9

冰墩墩诞生记

2022年在北京举办的第24届冬季奥林匹克运动会聚焦着全球目光，竞技体育的魅力加上一只憨态可掬的"冰墩墩"，令这届冬奥会充满了温暖和善意。一个小小的吉祥物，为什么能击中这么多人的心绪和时代的情绪?"冰墩墩"现象又为何会发生在本届冬奥会上?是偶然还是必然?

广州美术学院,一所几乎与冰雪绝缘的美术学府,却创造出了2022年冬奥会的吉祥物冰墩墩。从2018年10月11日开始,曹雪和刘平云就带领着一支队伍在广美视觉艺术设计学院的705工作室进行吉祥物的创作。在团队的14人当中,一半是老师,另一半是学生,全部都是南方人。当时团队并不被看好,但曹雪认为,或许没有看过冰雪的孩子,对冰雪和冰雪运动有着有超前的想象力和创造力。

留给这支队伍的创作时间只有不到20天,确定创作思路是他们的当务之急,冰糖葫芦是最早的一个原型。在截稿日当天,刘平云带着一个大行李箱来到北京,这里面装着的是在这20天里赶出来的16套方案。两个月后,从全球38个国家共征集5 800多个作品,排名前十的作品中,有3个是由广美团队设计的。

虽然"冰糖葫芦"的创意广受好评,但对冰糖葫芦能否很好地呈现中国形象,仍存疑问。于是团队又反复多次尝试,将冰壳里的形象改为麋鹿、老虎、兔子……各种创意不断被提出又被推翻,最终大家还是觉得国宝熊猫最能被全世界人民所喜爱,于是将中国独有的大熊猫形象与富有科技感的冰晶外壳做了巧妙的结合。

1990年北京亚运会和2008年北京奥运会的吉祥物,都有熊猫的身影,如何才能做出一只独一无二的熊猫,广美团队又遇到了新的困难,熊猫只有黑白两色,欠缺奥约会的多彩。设计团队把五环颜色的"冰丝带"扣到了"冰墩墩"的头盔上,于是形象酷似太空人,动态的熊猫腿一甩、手一挥,出现雪橇或冰壶等运动器械。

到给小家伙起名字的时候了。在讨论会上,大家纷纷把自己的名字甚至是自己孩子的名字贡献出来,雪雪、云云、冰优优等,直到8月才定下最终的名字"冰墩墩","冰"象征着纯洁、坚强,是冬奥会的特点。"墩墩"意喻敦厚、敦实、可爱,契合熊猫的整体形象,象征着冬奥会运动员强壮有力的身体、坚韧不拔的意志和鼓舞人心的奥林匹克精神。

历时10个月、前后1 000多次的修改,2019年8月21日,北京冬奥会吉祥物主选方案确定为"冰墩墩",憨态可掬的"冰雪熊猫"正式出道。

冬奥会开幕以来,奥林匹克官方旗舰店"冰墩墩"周边不断售罄,可谓"一墩难求"。对于"冰墩墩"的火爆,曹雪表示,自己想到会受到欢迎,但没预料到能如此火爆,连自己的儿子去店里都没买到。"它的冰晶外壳是冷的,但形象看起来温暖又可爱,相信这种温暖能被大家感受到。"

回顾"冰墩墩"的创作过程,曹雪深有感触地表示,项目负责人是最主要的决策者,但由于个人的智慧、力量、经历和观察问题的视角都是有限的,仅凭一己之力常常会出现一些困惑。比如,在某一类项目中,一个人在思维上容易形成一定的定势,在制订方案时始终跳不出固有模式,这样的设计很容易一般化;再如,遇到一些特殊的项目,无论如何冥思苦想也没有好的办法。这时,可以试着使用头脑风暴法来帮助解决问题,因为这样既可集思广益，又很好地调动了团队全体成员的积极性，且能从一定程度上减少决策的失误。

"冰墩墩"创作过程中每一个问题的解决，都用到了头脑风暴法。这种方法可以给团队营造宽松的氛围，提出需要讨论的话题，鼓励大家大胆尽情说。此外，人们也常常会有这样的体验，当一个人在热烈的氛围中看到别人发表新奇的意见时，思维受到刺激，情绪受到感染，潜意识被自然地唤醒，巨大的创造智慧自然地迸发出来，大量的信息不断地充斥着人的大脑，奇思妙想就会喷涌而出。这种情况下，在场的人就会压抑不住内心的激动，争着抢着发表自己的想法。场面越是激烈，争着发言的人就会越多；发言的人越多，办法也就越多，于是，一个好的方案就这样形成了。

实践证明，在项目管理中，灵活巧妙地使用"头脑风暴法"，能使团队关系更加融洽，最大限度地使大家智慧的火花迸发，进而形成一个个好的创意或方案，制定出一些切实可行的工作措施，寻找到一些解决疑难问题的办法。

（资料来源：作者根据相关资料整理）

（十）菲利浦斯66法

1. 概念

菲利浦斯66法是美国密歇根州希斯迪尔大学校长 J. D. 菲利浦斯发明的集体思考的创造技法。这一方法是将一个大型集体分成若干个6人小组，围绕可能解决的问题，运用智力激励方法，同时进行6分钟讨论，最后得出一个解决问题的方案，所以人们称为菲利浦斯66法。其以脑力激荡法为基础，可以消除"人数太多，不利于自由发言，从而导致参加者提出设想的积极性减退"的弊端，实现"人多可以有较多的发言，容易收集到相当有趣的构想"的目标。

2. 步骤

（1）确定课题。

（2）把规模较大的团体分为5~10人的几个小组。

（3）在各小组中安排一位主持人（兼记录员），并在各个小组中进行脑力激荡活动。

（4）各个小组会议每次进行6分钟。

（5）各小组得出结论，报告结果。

（6）对全体出席者提出报告，再由全体成员进行讨论或对设想进行评价。

3. 注意事项

（1）主持人在会前应考虑小组的构成，现场宜迅速辨识出席者的能力，并任命各小组的主持人。

（2）主持人事前宜熟悉脑力激荡法的规则及要领，同时准备好相关书面资料，交给出席者。

（3）在第5、第6步骤中未被列入报告的设想，不可舍弃，应加以收集，供将来使用。

4. 优点

（1）该技法以智力激励法为基础，以小组讨论形式进行，克服了大集体进行智力激励活动时，人数多限制自由发言、影响参加者提出设想积极性的缺陷。

（2）小组进行智力激励活动，会激起各小组间的竞争，有利于激发创造性的火花。

（3）该技法无须有专家参加讨论，普通人也能使用。

做好基础研究工作，为创新做好准备，必不可少的一个环节是脚踏实地地学好知识，掌握真才实学。只有在此基础上融会贯通，才能构建健全合理的知识体系。

思考与实践

1. 举例说明奥斯本检核表法的实际应用。
2. 阅读一个企业创新的案例，分析其中有哪些创新之处。
3. 在下列课题中任选一个进行头脑风暴法训练。

（1）设计一个科技中介服务机构。

（2）本地区应该怎样进一步搞好投资环境建设？

（3）如何创业——完成原始积累？

（4）如何提高食堂服务水平和饭菜质量？

（5）如何向人们宣传环保知识？

（6）拓宽筹资渠道的方法有哪些？

（7）如何提高某产品的市场占有率？

（8）如何使一种商品投入少而影响大？

第 5 章

创新能力及人才培养

学习目标

- 了解创新者应具备的能力。
- 掌握创新组织的管理方法。

思政目标

- 形成正确的理想信念和良好的与人合作能力。

5.1 创新能力培养

创新能力的培养是对大学生素质教育的深化和具体化，开展创业活动，可以改善学生被动学习的状况，能够提高学生的自学能力和创新能力。因而，培养大学生创新能力是时代对高等教育提出的新要求，是高校实施素质教育的必然选择。

5.1.1 自我创新能力

1. 拓展思维，丰富想象力

创新指开创新的产品，或将原来没有或者原来存在的产品经过一番休整之后变成新的产品。大学生想要创新，就需要扩展思维，丰富想象力。

2. 提高动手操作能力

创新能力是在创新的过程中不断培养出来的。要提高大学生的创新能力，需要大学生勤观察、多思考、动手实操，动手操作能力提高，创新能力也就随之提高了。

3. 理论联系实际

书本上的知识是理论性的，应联系实际，把它运用出来，变成"活的"知识。大学生要好好学习知识，学以致用，以提高创新能力。

4. 参加创新类的竞赛

大学当中有很多竞赛，其中创新类的竞赛不在少数。大学生要多参加创新类的竞赛，有助于创新能力的提升。

5. 多看、多听、多想

创新能力提高不是突然的，而是经过多看、多听、多想的积累得以实现的。所以，大学生要多看身边发生的事情，多听别人的建议，多一些奇思妙想。

5.1.2 预测、决策能力

决策与预测是密不可分的，企业经营管理人才要具备卓越的决策能力，首先应具备准确的预测能力。预测是决策的基础，决策是预测的延续，正确的决策必须要有准确的预测，如果没有准确的预测，将会导致决策失误。培养决策能力应注意以下几点。

1. 克服从众心理

从众心理是指个体在群体的影响或压力下，放弃自己的意见或违背自己的观点使自己的言论、行为保持与群体一致的现象，即通常所说的"随大流"。从众行为者的意识深处考虑的是自己的行为能否为大众所接受，追寻的是一种安全感。从众心理重的人容易接受暗示，他们依赖性强，无主见，人云亦云，容易迷信权威和名人。而决策能力强的人，能摆脱从众心理的束缚，做到解放思想、冲破世俗、不拘常规、大胆探索，因此他们独具慧眼，能够发现一般人不能发现的问题，捕捉到更多的成功机遇。

2. 增强自信心

拥有自信是具有决策能力的人明显的特征，没有自信就无法决策。增强自信心首先要有迎难而上的胆量。丘吉尔曾说过："一个人绝对不可在遇到危险的威胁时，背过身去试图逃避。若是这样做；只会使危险加倍。但是如果立刻面对它毫不退缩，危险便会减半。决不要逃避任何事物，决不！"其次要变消极思维为积极思维。平时善动脑筋，关键时自然敢做决定。最后要培养自己的责任感和义务感，跳出个人的小天地，自信才是坚实可靠的。

3. 决策勿求十全十美，注意把握大局

做事勿求十全十美，不想有任何挫折或失误，那只能作茧自缚。识大体，把握大局，权衡出利弊得失，当机立断，才能尽快达到自己的理想目标。持之以恒，决策能力和水平就会很快提高。实际生活中，制定风险决策必须注意六个问题：一是要克服"楚霸王式"的匹夫之勇，凡事不能蛮干，要讲究方式方法；二是要克服精神冲动，避免感情用事、失去理智；三是要克服个人功利思想，不搞个人英雄主义；四是要克服不自量力、好高骛远、贪大求洋的思想；五是要克服脱离现实、不讲客观条件的做法；六是要克服不负责任、轻举妄动的行为。

4. 从心理上提高决策的承受能力

决策就是对决策者心理素质的全面考验。没有充分心理准备的决策是不成熟的决策，没有充分心理准备的决策者是不称职的决策者。决策者必须具备的心理承受能力大致有五种：一是自强能力，决策受到外来因素的挑战时，不甘自弱，勇于进取；二是自越能力，敢向自己挑战，敢于自我否定，向更高目标奋斗；三是自若能力，要处变不惊、镇定、自然，不为外界所动摇；四是自调能力，当决策环境及内容发生变化，或决策方案与现实出现反差时，决策者能冷静地反思自我，洞察决策中潜在的隐忧，及时调整；五是自诊能力，当决策行为极度受挫时，决策者能理智地进行自我诊断。

扫一扫 看一看

5.1.3 应变能力

应变能力，是指人在外界事物发生改变时，所做出的可能是本能的，也可能是经过大量思考的反应能力。优秀的应变能力的表现有如下四种：一是冷静，无论情境是多么的窘迫和险恶，也不能盲目应对，使自己由盲目变为理智；二是忍耐，无论对方的言语是多么的尖刻，用意是多么的恶毒，也不能急于求成，要忍之再忍，坚决压抑怒气，在忍耐中三思，寻找机会去"应变"；三是摸底，不管对方的行为多么的凶恶和阴险，既不能愤然而上，更不能惧怕

而"降",要想尽办法摸清对方的底细和意图,做到知己知彼,方能"反败为胜";四是探穴,不管对方气势多盛,多么的得意,也不能硬攻乱撞,而是要发现对方的弱点、漏洞或疏忽,探准"穴位",发射"重磅炸弹",出奇制胜。

而提高应变能力的方法有:扩大个人的交往范围。无论家庭、学校还是小团体,都是社会的一个缩影,在这些相对较小的范围内,人们可能会遇到各种需要应变能力才能解决的问题。因此,只有首先学会应对各种各样的人,才能逐渐学会应付各种复杂环境。只有提高自己在较小范围内的应变能力,才能推而广之,应付更为复杂的社会问题。一般而言,交往范围越大,应变能力就越强。实际上,扩大自己的应变范围,也是一个不断实践的过程。

加强自身的修养,应变能力高的人往往能够在复杂的环境中沉着应战,而不是紧张和莽撞行事。在工作、学习和日常生活中,遇事沉着冷静,学会自我检查、自我监督、自我鼓励,有助于培养良好的应变能力。

注意改变不良的习惯和惰性,假如遇事总是迟疑不决、优柔寡断,就要主动地锻炼自己分析问题的能力,以迅速做出决策。假如总是因循守旧,半途而废,那就要从小事做起,努力控制自己,不达目标不罢休。

5.1.4 实践操作能力

对创业者来说,具备各种能力是创业成功的重要条件。创业者在创业前或创业活动中要不断培养和提升创业能力,尤其是创业实践能力。创业实践能力是影响创业活动效率、促使创业实践活动顺利进行的主要因素,是具有较强综合性和创造性的心理机能,是知识、经验、技能经过类比、概括而形成的并在创业中表现出来的复杂而协调的行为活动。培养大学生创业实践能力是更好地开展创业教育,进一步实施和推进素质教育的有效途径。大学生创业实践操作能力一般包括以下四个方面。

1. 决策能力

决策是一个人综合能力的表现。一个创业者首先要成为一个决策者。美国管理学家、诺贝尔经济学奖获得者赫伯特·西蒙曾说:管理就是决策。企业领导者每天都要对公司的各项问题进行决策,管理的级别越高,做出的决策越大,对企业的影响越深远。决策能力是创业者根据主客观条件,因地制宜、正确地确定创业的发展方向、目标、战略及具体选择实施方案的能力。创业者的决策能力通常包括分析能力、判断能力和创新能力。

2. 经营管理能力

经营管理能力是一种较高层次的综合能力,是运筹的能力。任何一家企业要想实现长期、稳定的发展,都必须提高自身的市场竞争力,而市场竞争力的大小,往往取决于企业的经营管理能力。因此,相关企业的经营管理者必须重视经营管理能力的提升。经营管理能力是指对人员、资金的管理能力,它涉及人员的选择、使用、组合和优化,也涉及资金的聚集、核算、分配、使用、流动。经营管理能力的形成要从学会经营、学会管理、学会用人和学会理财几个方面去努力。

3. 交往协调能力

交往协调能力是指能够处理与公众（政府部门、新闻媒体、客户等）之间的关系及能够协调下属各部门成员之间关系的能力。交流是人与人之间相互传递、交换各种信息、观念、思想、感情，以建立和巩固人际关系的综合，是社会组织之间相互交换信息以维持组织正常运行的过程。协调是行政管理人员在其职责范围内或在领导的授权下，调整和改善组织、工作、人与人之间的关系，促使各种活动趋向同步化与和谐化，以实现共同目标的过程。创业者应该做到妥善地处理与外界的关系。

4. 创新能力

创新能力是创业能力素质的重要组成部分，包括两方面的含义，一是大脑活动能力，即创造性思维、创造性想象、独立性思维和捕捉灵感的能力；二是创新实践的能力，即人在创新活动中完成创新任务的具体工作能力。创新能力是一种综合能力，与人们的知识、技能、经验、心态等有密切的关系。创新能力的表现可简单归纳为如何解决问题和如何创造问题的能力两方面。创新能力的形成要从建立创新思维、提高思辨能力等方面努力。

5.2 创新组织管理

5.2.1 创新型组织

1. 创新型组织的界定

英国学者弗里曼归纳了创新型组织的几个特点：一是企业内部R&D（研究与开发）能力很强；二是从事基础研究或相近研究；三是利用专利保护，与竞争对手讨价还价；四是企业规模足够大，能够长期资助R&D；五是同样技术或应用的研制时间比竞争对手短；六是愿意承担高风险；七是较早且富有想象力地确定一个潜在市场；八是关注潜在市场，努力去培养、关注客户；九是具有使R&D、生产和销售相协调的企业家精神；十是与客户和科学界保持联系。

判断一个组织是否是创新型组织，可以从两条思路出发：一是考察组织的核心能力是否是创新能力；二是考察组织创新制度的执行、创新的投入和创新的产出等指标是否处于较高水平。此外，还可进一步从组织环境、创新投入、创新产出等角度建立评定组织创新程度的定量指标集。

管理大师德鲁克认为，创新型组织就是把创新精神制度化而创造出一种创新的习惯。创新型组织的共同信念是使创新能力成为助力企业成功的最关键因素，创新组织同时也是学习型组织，创新不仅仅是开发出新产品和新技术，也应包括开拓新的市场、建立新的生产资料来源。创新型组织为了快速推出最新潮流时尚的独特产品，往往在原有层级组织中组成跨部门复合型开发团队，该团队具有宽松的创新氛围，其管理风格是开放式的。

创新型组织的典型特征是企业在其所涉及的领域内持续不断地寻求新的突破，从而降低成本、提高质量、增强灵活性，最终将价格、质量和性能各方面都很突出的产品提供给市场。创新型组织具有鼓励创新的文化，具有促进有效沟通和加速创新的组织结构和激励机制。

2. 如何成为创新型组织

建立创新型组织的基本思路归纳如下。

第一，评估组织现有的创新状况和绩效。考察现有组织是否满足了顾客的需求，是否能满足未来顾客的需求，创新的速度如何，创新的成本如何。

第二，对现有创新体系进行诊断，考察现有创新体系存在的问题。包括目前创新体系的哪一方面绩效没有达到预期目标，是生产了并不符合顾客需求的产品还是产品创新速度太慢，或是创新成本太高而不具竞争力等。重复进行上述步骤，尽可能多地发现现有创新体系存在的问题。

第三，改进现有创新体系存在的问题。在对创新系统创新能力和绩效存在问题进行诊断后，就应着手对存在问题进行改进，从而向创新型组织迈进。具体地，可按以下步骤逐步实施：①按照上述诊断创新体系的方法，对组织内的创新体系存在问题进行诊断。②判断并确定2~3个需要率先改进的问题。③对上述问题进行改进。④重复第一步，再次诊断哪些方面还有问题。⑤重复第二步，确定首先要解决的2~3个问题。⑥重复第三步，进行改进。

之所以先确定2~3个方面的问题进行改进，是因为如果对组织管理众多手段同时进行变革可能会面临很大风险，引起组织的不稳定，所以最好分次稳妥进行。应循序渐进，先对实施较容易、风险较低的管理手段进行变革，然后再实施较复杂、风险较大的变革，以保证组织的相对稳定。

创新组织的变革可按照以下顺序进行：通常变革始于战略的变化，即企业高层决定更加强调创新；然后开始影响仅限于单个项目的变革，在此过程中，管理者需重新评估轻重缓急和优先顺序；接着，进行相对较困难但又很关键的变革，例如文化和激励方面的变革；待企业高层取得关键项目变革成功经验后，开始着手对整个创新组织管理体系进行变革，包括项目资助方式和项目管理方法等的变革；继而转向更深层次的，可使各部门提高创新能力的变革，在这一阶段，组织结构和企业整体层次的沟通联系网络的变革显得尤为重要；最后，为使企业创新能力最优化，应对创新能力、沟通网络的管理方法、决策方法、创意激发方式等进行企业整体层次的变革。

案例 5-1

浅谈中国企业创新发展

随着世界经济的快速发展，企业在市场中的竞争越来越激烈，面临的挑战也越来越多，所以企业只有根据经济发展的要求和市场环境的变化不断创新和调整发展战略才能在当前市场经济中占有一席之地。要想形成双赢、多赢、共赢、全赢的格局，要从以下方向入手。

精益求精

鼓励企业开展个性化定制、柔性化生产，培育精益求精的工匠精神，增品种、提品质、创品牌。"工匠"，一个充满传统色彩的词汇，包括中国人耳熟能详的职业，木匠、铁匠、石匠等手工匠人以精湛技艺在传统生活中打下了底色。工匠精神，顾名思义，指工匠们对自己的产品精雕细琢、精益求精、追求更完美的精神理念。古人云："玉不琢，不成器。"工匠精神不仅体现了对产品精心打造、精工制作的理念和追求，更是要不断吸收最前沿的高端技术，创造出最新的科技成果。而在"创新"引领时代潮流的当前，"工匠精神"所代表的坚定、踏实、精益求精的时代气质，也正是"双创"时代所需要的，因此企业更需要工匠精神。

开放共享

共享经济、共享思维对新常态下企业创新发展具有重要启示作用，学术界和企业界都对"共享"的理念做了诸多解释和探讨。基于这一理念，新近萌发了共享资产、共享部门、共享员工等概念。共享资产是指企业通过资产的共享，由重资产经营转向轻资产经营。共享部门是指企业通过"共享"或"众包"业务部门甚至职能部门来降低成本，提高利润。以职能部门为例，企业的利润不仅来自业务部门，也来自职能部门，如财务会计部、投资融资部、人力资源部、教育培训部等，都可以为企业创造收益。职能部门核心能力强大的企业可以通过为全社会提供共享服务来获取利润，而职能部门不完善甚至缺失的企业则可以通过社会众包来降低成本。共享员工是指针对不同重要程度的业务设置结构合理的用工制度，为企业核心业务保留全时员工，而外包业务、弹性业务、自助业务等非核心业务可以共享员工，包括发展零工经济模式，旨在通过人力资源的有效配置，降低企业用工成本。

多元化治理

过去，企业价值创造的主体是单一化的，研发、制造、营销、服务都是通过企业内部员工来加以完成的。而今企业注意到了多元化的价值创造主体，不仅是企业员工，用户、客户也参与到了企业的价值创造过程，即把用户、客户当作"准员工"。从成本上考虑，用户、客户可以是低报酬员工、零报酬员工甚至负报酬员工，他们以购买企业产品的方式为企业创造收益，还提出了自身的需求为企业指明了发展方向。除此以外，多元化的价值创造主体还包括社会创客、在线员工，零工经济也为价值创造多元化提供了重要支撑。这样一来，企业从过去的内部员工价值独创转向用户—企业价值共创甚至企业—社会价值众创，即思想众智、资金众筹、业务众包、企业众创，这为企业治理提供了全新思路。

挖掘软资源

以往企业经营更看重硬资源，包括土地、设备、厂房、矿产等，而现在软资源的重要作用日益凸显，知识、技术、管理、数据、企业家精神等越来越受到经营者的重视，也不止一次地证明了其对于企业经营的重要性。软资源和硬资源的不同特点则是这种变化的关键。具体来说，硬资源的使用是排他性的，用一次少一次，使用之后逐渐消耗进而产生损失，边际成本递增、边际收益递减；而软资源的使用是共享性的，用一次多一次，在对知识、技术、数据等软资源的利用过程中会不断积累新的知识、技术、数据，软资源不减反增，尤其是数据，其具有复制性强、无限供给且能快速迭代的特点。因此，相较于硬资源，软资源几乎是无限的，即软资源可以创造软资源。在过去偏重硬资源的经营模式中，免费与赚钱是对立的；而在软资源经营模式下，免费的共享带来的资源增值也可以创造利润，免费与赚钱是统一的。

数字化转型

在全球数字经济的大浪潮下，开展数字化转型，已成为企业适应数字经济，谋求生存发展的必然选择。数字经济（广义）是今后的发展方向，以互联网为代表的"新技术群"的涌现，倒逼整个社会实行数字化大转型，信息化、数字化、智能化、网络化等元素全面融入企业创新发展的全过程，形成"机在干，网在看，云在算"的模式。未来趋势已经呈现：一是线上替代线下，字节取代实体（"去物质化"），机器替代人工，数据驱动决策，软件取代职能，虚拟空间替代物理空间，企业内部去中间化，外部市场去中介化等；二是数字经济（狭义）、智能经济、尾部经济、体验经济、共享经济、零工经济、全时经济、空间经济、平台经济、生态经济等新形态日益成熟，这些都在倒逼中国企业加快领会数字经济时代创新发展的全新理念。

构建商业生态系统

传统的实体性组织一般规模较大，以母子公司体制为主。而在市场的发展下，当前企业的大部分业务被外包、众包了，形成了一个社会化的生态系统，这种系统即称为商业生态系统。简而言之，母子公司体制是把外部内部化，通过兼并收购、产权关系链接，把企业做大做强；而商业生态系统则是将内部外部化，利用互联网发展带来的外部交易成本降低，通过外包、众包和契约关系链接，把经营活动重心从企业内部转移到企业外部。这里，跳出企业做企业，将以往用加法把企业做大的模式变革为用减法把企业做大的模式，减的是企业的实体，大的是企业的价值，逐渐形成了"小实体大虚拟、小规模大网络、小脑袋大身子、小核心大外围"的企业形态。商业生态系统的一个重要特点是

"去管理化",是企业相互联结的多生命体,整个生态系统生生不息,可以给企业治理带来颠覆性的变化。

构建产品生态链

以往企业需要考虑的是,如何打开单一产品所面向的市场,因为一个受到消费者青睐的产品会给企业带来不菲的利润。但如今消费者需要的不再是一个独立的产品,而是把相关产品组合在一起,构建出一个生态。以苹果公司为例,苹果生态是指苹果公司所构建的一整套硬件、软件、服务和应用程序的生态系统。这个生态系统包括苹果的Mac电脑、iPhone、iPad、Apple Watch、Apple TV等硬件设备,以及iOS、macOS、watchOS、tvOS等操作系统、iCloud云服务、iTunes Store、App Store等应用商店和各种应用程序。苹果生态系统中的各个部分都可以协同工作,比如Siri可以在不同的设备上使用,iCloud可以同步不同设备上的数据,AirDrop可以在不同设备之间快速传输文件等。这种协同性使得用户可以更加高效地使用苹果的产品和服务。《易经》有言,"大治不割",整个系统不能割裂,某个产品只是整个系统中的一个环节乃至节点,要和其他产品相互协同,整体关联,动态平衡。随之,企业把产品品牌、企业品牌延伸成了生态品牌,把产品收入、资本收入延展到了生态收入。

自组织管理

管理的最高境界是零管理,零管理的实质是自组织管理,而自组织管理的前提是要有自体系。作为体系,从个体看,应实现自我导向、自我激励、自我约束、自我发展;从整体看,应具有自驱动性、自增长性、自优化性、自循环性。需要注意的是,"自组织管理"依靠治理体制实现,是"去管理化"而不是"去治理化"。

消费者主权论

"消费者主权"是诠释市场上消费者和生产者关系的一个概念,即消费者根据自己的意愿和偏好到市场上选购所需的商品,这样就把消费者的意愿和偏好通过市场传达给生产者,于是所有生产者听从消费者的意见安排生产,提供消费者所需的商品。例如有的企业提出,用户第一、员工第二、股东第三。用户成为企业资源,而且成为企业第一资源、战略资源;用户融入企业内部,参与企业、主导企业、引领企业;创新来自用户,资金来自用户,制作来自用户,销售来自用户,定价来自用户,管理来自用户,服务来自用户,思想来自用户。由此形成消费者主权论。

经营社会责任

经营社会责任则是把解决社会问题作为企业的伟大使命,企业主动选择把社会责任理念融入其生产经营过程的方方面面,利润只是其经营社会责任的"副产品",即跳出利润谈利润。经营社会责任是主动选择,它把社会责任视作一种财富,把今天的成本变成明天的资本,将成本和资本相融合、相统一,是理念上的重大变化。一些企业通过经营社会责任,获取了发展所需的重要资源,扩大了产品市场,获得了利益相关者的深度信赖。经营社会责任摆脱了以往被动承担社会责任的局限，是企业反哺社会，将有形资产转化为无形资产并将无形资产再转化为有形资产的过程，以此循环往复。这是保障企业安全发展、永续发展的战略性的制度安排。总的来说，企业经营社会责任是一项长期的任务，需要企业不断地努力和探索。只有在实践中不断总结经验，才能更好地经营社会责任，为企业和社会带来更多的价值和意义。

中国企业创新发展的途径，是企业家要认真思考并不断付诸实践的一个宏大命题。它没有固定的答案，而是企业家在实践中，不断做出正确抉择的过程。只有多维求解、系统求解，企业才能行稳致远。

（资料来源：作者根据相关资料整理）

5.2.2 创新能力管理

创新能力的管理需要解决三方面的问题：一是如何建立真正能提供长久竞争优势的能力，即核心能力；二是如何建立在创新过程中利用外部知识的能力，即吸收能力；三是如何对能力进行长期管理。

1. 核心能力管理

企业能力是指企业配置资源，发挥其生产和竞争优势的技能。企业能力源于企业有形资源和无形资源的整合，是企业各种资源有机结合的结果。企业能力主要由研发创新能力、生产管理能力、营销能力、财务能力和组织管理能力等组成。

核心能力是指组织能在特定行业保持竞争优势的基础能力。判断核心能力的唯一标准就是看某项能力是否能产生长久的竞争优势。核心能力往往是有价值的、独特的、难以模仿的、不可替代的基础性能力。从创新管理的角度来看，核心能力由四部分构成：一是职工的知识和技能；二是技术体系，即研究开发系统、设计系统和工艺系统；三是管理体系，即规章制度、业务流程和组织结构等；四是价值观念与行为规范。这四个方面构成互相关联、互相影响、互相促进的有机整体。

核心能力的建设和管理首先要从整体上进行规划和设计，并通过从外部引进与整合、自己培养等途径积累基础，建设起完整的体系。包括以下基础性工作：一是核心能力规划。核心能力是支撑企业长久竞争的基础性能力，因此也称战略性能力，必须从战略的高度对核心能力的建设进行规划，包括目标（要进入或守住什么领域，占领什么市场）、方向（掌握什么关键技术）、途径（通过什么方式形成核心能力）。二是外部引入。从外部引入能力的常用方式有引进基础上的改进—创新、合作—学习、并购—整合。三是培养。培养组织自身能力是获得核心能力的基础和基本途径，包括人员培训和"干中学"等方式。在创新理论中，"干中学"被认为是最重要的学习方式，也是企业核心能力成长的重要途径。"干中学"不仅包括组织员工在创新活动中积累知识、技能和经验，提高处理实际问题的能力，而且包括各级各类组织及整个企业在创新实践中的学习，即组织学习。通过"干中学"所获得的能力不易被模仿，容易形成核心能力。四是体系建设。全面进行职工知识技能体系、技术体系、管理体系和文化体系的建设，从而建立和提高核心能力。

对组织来说，直接关系生存和发展的是竞争力，而核心能力则是竞争力的基础，也可以说是组织的潜在竞争力。把核心能力转变成现实竞争力的关键，是核心能力的运用与发挥。首先，组织核心能力的效能应体现在产品上，建立能力与产品之间的联系是用好核心能力的基本途径。组织要利用核心能力形成自己的核心技术，以核心技术为依托发展产品技术，继而开发出有竞争力的产品。其次，核心能力的载体是企业员工，应把员工安置于能发挥其才智的岗位，同时建立适当的人才流动机制。再次，核心能力建设的理想状况是各方面能力均衡发展，而核心能力发展本身是一个动态不均衡过程，因此，如何利用优势带动和弥补短缺能力是组织运用核心能力的重要策略之一。最后，核心能力是经过相当长的时间建立起来的，具有相对稳定性，能给组织竞争力提供长久支撑，但组织面临的环境是多变的，因此，组织须适时调整战略以使核心能力可以适应环境的变化。

2. 吸收能力管理

吸收能力是组织为了创造价值而建立起来的获取、消化、转化和利用知识的能力。具备良好的吸收能力，组织就可以在充分认识新信息价值的基础上进行吸收，并将其应用于商业。吸收能力不是简单地模仿，包括知识价值认知能力（有能力认识到外部新知识的价值）、知识获取能力（知识获取的强度、速度和方向三个特性）、知识消化能力（分析、处理、解释和理解外部知识的能力）、知识转化能力（组合已有知识和新获取、消化外部知识的能力）、知识利用能力（运用内外部知识，优化、拓展和提升创新的能力）。组织提高吸收能力的主要措施有增加研发投入、扩大外部知识接触渠道、积累知识基础、加强内外部合作与交流、建立跨边界沟通机制、建立有利于知识吸收与扩散的组织文化等。

3. 能力成长管理

随着组织能力的不断增强，组织能力的内涵将从基础能力发展到亚核心能力，再到核心能力。基础能力强度最低，是组织生存的基础；核心能力强度最高，是组织持续竞争优势之源；亚核心能力介于两者之间，是短期竞争优势的基础。从引进到自主研发，组织能力不断提高，能力成长与演变的典型过程是能力形态从技术引进到生产能力，再到创新能力；能力实力从基础能力到亚核心能力，再到核心能力。组织能力成长演变如图 5-1 所示。

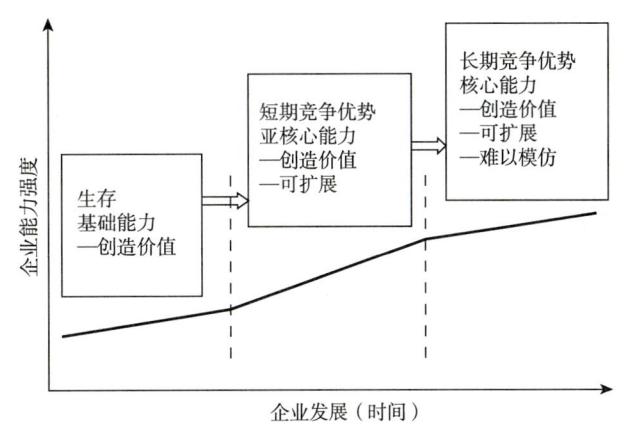

图 5-1 组织能力成长演变

5.2.3 创新评价管理

创新评价以创新的测度为基础,通过本企业组织或第三方运用一定的方法对组织创新活动进行评估,找出创新现状和期望间的差距,确定问题所在,发现需要改进的环节,并为提高创新管理水平提供必要的信息,是提升组织创新能力的重要工具。

创新是一项高风险的活动,有可能由于外部环境的不确定性,创新项目的难度与复杂性及组织能力与实力的有限性而延期、中止、失败或达不到预期技术目标和经济目标。创新风险会引发财务风险,从而导致组织发生有形的经济损失和时间损失。而创新评价作为管理控制工具之一,发挥着重要的作用。

1. 创新评价模型

创新评价模型是指明确创新评价对象和评价思路的一种理论模型,它为创新评价提供了基本框架,也是确定评价内容和指标体系的基本前提。分析和比较国外创新评价类型(表5-1),将有助于组织构建适合自身的创新评价模型。

表 5-1 创新评价模型比较

创新评价类型	评价对象	评价方法	评价范围	评价结果
创新过程评价	过程和环节	多种	事中	创新过程监控
创新能力评价	技术及相关能力	技术评估	事中和事后	创新能力提升
创新业绩评价	效率和效果	多种	事中和事后	创新业绩比较

创新评价框架是以齐萨的创新过程评价模型为基础建立的指标体系和综合评价模式,如图 5-2 所示。该模型将创新从输入到输出划分为三大过程,即核心过程、支持系统、创新业绩。其中,核心过程把具体的产品或工艺概念转化、传递为用户体验;支持系统通过支持核心过程进行资源转换,让战略愿景指导创新活动并为创新活动提供基础,包括领导、资源供给和系统工具;创新业绩体现创新过程本身,也表现市场绩效和竞争力。

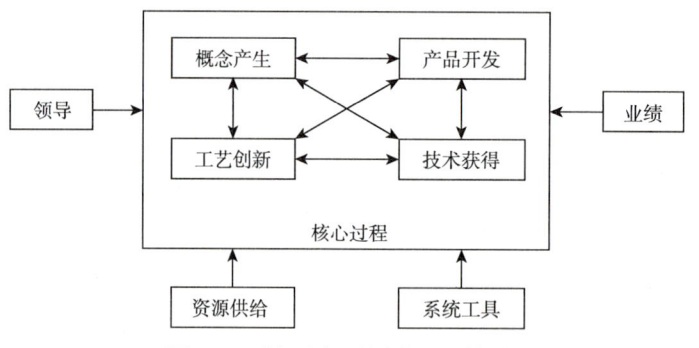

图 5-2 基于过程的创新评价框架

2. 创新评价指标体系

基于创新过程评价模式,构建创新评价指标体系见表 5-2。

表 5-2　基于创新过程评价模式的评价指标体系

产品创新	生成新产品概念 产品创新规划 创新性与创造性	领导	创新目标 产生与执行创新的过程 创新气氛
产品开发	产品开发过程 团队工作 向制造和分销转移 工业设计	资源	人力资源 资金
工艺创新	形成工艺创新构想 实施新工艺 持续改进	系统和工具	系统 创新工具 质量保证
技术获取	技术战略 技术来源 环境与制度	竞争力提高	目标与测度 创新业绩

3. 基于创新能力的评价指标体系

基于创新能力评价模式，构建创新评价指标体系见表 5-3。

表 5-3　基于创新能力评价模式的评价指标体系

外部环境	内部环境	研发能力	信息化水平	制造能力
经济环境 政治环境 法律环境 文化环境	企业家创新精神 创新战略 创新机制 组织文化 创新氛围	研发人员比例 研发经费 专利项数 新专利开发 新产品开发 持续改进	信息设备装备 信息设备利用率 数据库建设 电子商务应用 信息资源利用率	设备水平 生产人数及素质 现代制造技术采用率 产品质量标准 产品生命周期 原材料利用率
营销能力		协同能力		经济社会效益
营销费用 销售量 顾客满意度 需求分析 竞争对手分析 技术发展趋势分析 营销人数		研发、制造、营销部门的交流 企业与客户的沟通 统一的技术平台 高效的供应链管理		销售收入 销售利润 利润率 利税 创汇水平 能源消耗率 原料回收率 环境污染程度 环保投入资金

4. 基于创新业绩 IPO（投入—过程—产出）的创新评价思路

基于创新业绩 IPO（投入—过程—产出）的创新评价思路，如图 5-3 所示。

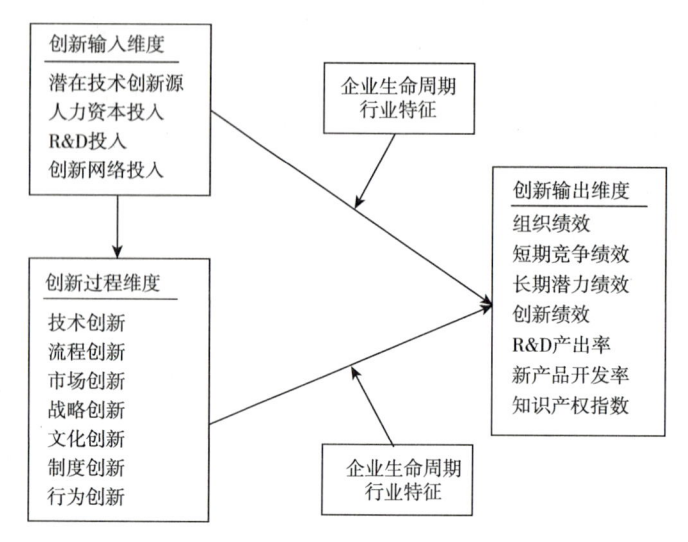

图 5-3　基于创新业绩 IPO（投入—过程—产出）的创新评价思路

> **思考与实践**

1. 如何培养大学生的创新能力？
2. 选择一家企业，了解并分析其创业团队的构成。
3. 如果以你所在学校的师生为潜在消费者，校园内存在哪些较好的创业机会？
4. 根据上题选择的创业机会，组建自己的创业团队，并按照以下步骤完成团队建设。

（1）团队成员构成。

姓名	岗位	工作职责	个性特征

（2）确定企业名称。

（3）设计企业文化。

愿景

Logo

第 6 章

技术创新风险管理

学习目标

- 了解技术创新风险管理。
- 了解技术创新项目风险管理。
- 掌握技术创新项目风险管理模型构建。

思政目标

- 培养学生作为社会主义接班人的责任意识和风险意识。

6.1 技术创新风险管理

6.1.1 技术创新的含义

技术创新是国家保持综合国力，企业提高核心竞争力的重要源泉。创新理论最先是由约瑟夫·熊彼特提出的，其研究目的是论证技术变革对经济增长及社会发展非稳定性的影响，该理论开创了技术创新理论领域的先河。随着科学技术的进步，学者们对各个知识领域的研究拓展、国内外学者对技术创新理论的研究越来越多样化。直至今天，对于技术创新的定义仍是分歧不断，下面列出国内外一些比较具有代表性的观念，见表6-1。

扫一扫 看一看

表6-1 国内外学者或机构对技术创新的不同定义

学者或机构	技术创新的定义
熊彼特	创新就是建立一种新的生产函数，在经济活动中引入新的思想、方法以实现生产要素新的组合，他把创新划分为既涉及技术性变化的创新又涉及非技术性变化的创新
美国国家科学基金会（NSF）	技术创新是技术革命的集合。技术创新是一个复杂的活动过程，从新构思和新概念开始，通过不断地解决各种问题，最终使一个有经济价值和社会价值的新项目得到实际的成功应用
曼斯菲尔德	技术创新是指从企业列出新产品的构思开始，以新产品的销售和交货为终结的一系列探索性行为活动
美国国会图书馆研究部	技术创新是指一个从新产品或新工艺设想的产生到市场应用的完整过程，它包括新设想产生、研究、开发、商业化生产到扩散等一系列的活动
美国竞争力委员会	技术创新是指知识向新产品、新工艺和新服务的转化过程，它不仅涉及科学技术活动，还涉及对顾客需求的了解和满足
经济合作与发展组织	技术创新是指技术的产品和工艺创新，包括实现了技术创新的产品和工艺及技术上有重大改进的产品和工艺
傅家骥	技术创新是指企业家抓住市场的潜在盈利机会，以获取商业利益为目标，重新组织生产条件和要素，建立起效能更强、效率更高和费用更低的生产经营系统，从而推出新的产品、新的生产（工艺）方法、开辟新的市场、获得新的原材料或半成品供给来源或建立企业的新的组织。它是包括科技、组织、商业和金融等一系列活动的综合过程
国家经贸委	技术创新是一个经济学概念，它的基本含义是与新技术（新产品、新工艺）的研究开发、生产及商业化应用有关的经济技术活动

综合国内外学者的共同看法，本书将"技术创新"定义为：是一种企业将新的知识与技

术运用于企业的生产经营中，以创造和实现新的经济价值和企业利润的活动。可以认为技术创新是市场经营活动。

6.1.2 技术创新的特征

自1912年以来，随着技术创新理论的产生与成熟，技术创新已成为国家推进产业进步、改变产业格局及企业获得核心竞争力的主要手段，而技术创新本身具有以下特性。

1. 不确定性

技术创新的不确定性主要指在当今国际社会科技日新月异、经济高速发展的宏观环境，企业信息不对称及获取不完善的微观环境下，企业进行技术创新决策时会有极大的不确定性。技术创新的不确定性体现在三个方面：第一，技术上的不确定性，在规定时间内一项新技术、新产品或新工艺能否研发成功或提升到哪个层次，这不是最初计划能够决定的；第二，市场上的不确定性，企业进行技术创新活动时，构思设想阶段的市场供需可能会偏离企业预估，其他竞争者可能会改变市场局面；第三，企业组织管理的不确定性，企业组织文化及技术积累有限，可能无法较好地适应技术创新的变化。

2. 超前性

在科技高速发展及市场格局不断变动的今天，企业的技术创新行为的目的决定了技术创新必须具有一定的超前性，只有具备预见性的技术创新才可能带动企业的经济发展，影响行业的发展模式，甚至改变国家的生产力。失去预见性的技术创新项目将使企业无法应对市场及产品要求的不断变化，获得核心竞争力也成为空谈，在企业投入资源损失的同时也丧失了时间机会。因此只有充分认识到市场供需情况，在此基础上确立较其他竞争对手具有先进性的技术或产品，才能使企业获得竞争优势。而技术创新这种超前特征越显著，技术创新所要面对的各种技术及方案风险性就越高，这也会对技术创新主体的技术积累、经济实力及管理能力提出更高的要求。因此企业进行技术创新目标战略制定时，一定要紧密结合内外部情况以降低技术创新的失败率。

3. 高风险性

技术创新的不确定性、超前性都决定了其风险性特征，高风险性是技术创新的固有性质。成功的企业技术创新活动在一定时期内将会提高企业的核心竞争力，带来不可估量的经济效益，但由于各种风险因素的影响，大大降低了企业技术创新活动的成功率。技术创新活动不仅仅受制于企业内部环境，外部环境对技术创新活动也产生了巨大影响。国家政策规划、法律法规、地区经济环境的宏观态势、市场竞争格局、供需状况及不可抗力因素（如火灾、台风、雷击等意外事件）等都会成为技术创新的风险因素。同样，内部风险如技术风险、财务风险、生产风险及管理风险等也是技术创新风险的主要类型。世界各国的创新风险研究表明，技术创新的失败率远远高于成功率。

4. 高投入性

技术创新活动具有高投入性，主要体现在三个方面：第一，创新人员投入，在技术创新体系中，智力资源是最重要的，技术创新参与人员的科学水平及经验直接影响到了技术创新组织的强弱，进而影响到成功率。第二，企业的技术创新资金投入，是开展及保证技术创新活动持续进行的基本保障，一般除了前期投入启动资金，还需要在后续过程中持续供应资金，一旦有一个资金链环节断裂就有可能给技术创新活动带来麻烦，甚至导致最终的研发失败。同时，企业资金投入不足或分配结构有问题都将直接影响技术创新活动的顺利进行。第三，技术设备投入，技术装备是技术创新活动进行的物质基础，主要体现在企业购买的技术设备及自主研发的技术设备两方面，技术设备的先进程度影响着创新活动的成功率。

5. 高收益性

市场经济中，高风险性与高收益性是并存的。技术创新的成功，会使企业在一定程度上获得相对竞争优势，同时也在市场上拥有一段时间的技术垄断，这种相对优势及垄断，会为企业带来较高的效益，相对于技术创新的高投入来说，这些垄断收益还是很乐观的，正是这种投资收益情况促使国家及企业越来越多地从事技术创新活动，以稳定企业的生存及保持高速的发展。

6. 周期性及系统性

企业技术创新是一个完整的活动体系，从市场信息收集可行性研究开始到项目研究开发再到验收推广，整个过程具有经济、技术、管理一体化结合的本质。技术创新作为一个完整的系统工程，以获得更大市场份额及核心竞争力为目的，进行了从技术创新发明到商业推广的整个周期。之后技术创新被采用、模仿、扩散及成熟又是一个周期，在市场格局改变后，企业根据市场新的需求开始进行新一轮的技术创新，使整个技术创新呈现波浪式起伏螺旋式上升的态势。

当今世界经济一体化背景下，企业技术创新行为已成为企业众多行为中的重要一环，企业只有认识到技术创新的基本特征，才能把握住技术创新成功的脉搏，也才能用有限的资源创造更高的效益，否则难以在激烈竞争中取胜。

6.1.3 风险管理的内涵

风险理论一般把风险分成两种类型，一种为纯粹风险，该种风险一般无法给人们带来收益，只有完全的损失；另一种称为投机风险，该种风险一般损失与获利共同存在。现代意义上的风险，随着人类活动的复杂多样化，逐步被赋予了从经济、管理、统计学到哲学等多方面的深刻含义，成为与人类活动紧密结合的研究内容。无论是哪个学科对于"风险"的定义都包含着"在某些环境或条件下导致结果存在不确定性及损失"的核心思想，这种不确定性以损失的大小及损失的概率两种形式产生。如果人们能理性地判断及合理地防范风险，那么极有可能可以规避风险并带来可观的效益，因此客观的认识风险、评估风险及应对风险对人类活动来说有着重大的意义。一般将"如何在一个肯定有风险的环境里把风险降至最低"的管理过程称为"风险管理",它是一项"决定如何对待并规划项目风险的管理活动"。

6.1.4 技术创新风险管理的内涵

研究企业技术创新项目风险评估及预控是一项结合管理知识、经济理论及系统工程综合评价的活动,因此需要首先对技术创新风险管理内涵进行准确定义,同时对技术创新项目风险管理程序及应用方法进行深刻剖析,这样才能为之后的案例研究打下坚实基础。由于学者们对风险有着不同的定义,因此技术创新风险有着多种含义。技术创新风险是指创新主体(企业或个人)在创新过程中,由于外部环境的不确定性、技术创新项目本身的难度与复杂性、创新者自身能力与实力的有限性导致创新活动中止、失败或达不到预期经济技术指标的可能性及后果。由此可知"技术创新风险管理"的定义为一种为达到降低风险损失后果的目的,通过运用各种风险管理技术对项目的风险进行识别、评估、应对及监控的管理活动,可以认为进行风险管理的目标在于提高项目成功率及使成本最小化,收益最大化。

6.2 技术创新项目风险管理

6.2.1 技术创新项目风险管理概述

技术创新作为企业生存和发展的源泉,是企业获得持续竞争力的关键因素。管理学家克拉克曾说过"不创新,则死亡"。约翰·齐曼说:"技术创新必然是一种时而打中时而打不中的过程。"由此可见,在技术创新过程中风险管理的重要性。对于技术创新项目风险管理的程序,不同组织及个人的认识都不相同。在我国学者的普遍观点中,可以将技术创新项目风险管理分为风险识别、风险分析、风险处理及风险预控四个阶段,虽然跟各种风险管理过程研究略有不同,但大体上是接近的。

1. 技术创新项目风险识别

风险识别是项目风险管理的最基本步骤,对于整个风险管理的意义在于只有全面分析整个过程中的各种风险,才能进行下一步的风险测定工作,合理预测出风险可能造成的危害,并选择适合的风险处理应对方案。

技术创新项目风险识别即识别隐藏在企业进行技术创新过程中的各种风险。识别技术创新项目风险的目的是要确认在一个项目的实施过程中可能存在哪些风险,在风险尚未成为问题之前就进行考虑,并将有关信息纳入整个创新管理过程,使风险能够被充分地了解。风险识别是风险管理的第一步,也是基础的一步。技术创新项目风险识别不是只发生在风险管理开端的一次性的行为,而是贯穿技术创新项目整个风险管理阶段,随着项目的推进,新风险将会不断产生,因此技术创新项目风险识别应该注意系统性。

技术创新项目风险识别中普遍采用的技术及工具有以下五种。

（1）信息采集技术。一般信息采集技术包括德尔菲法、访谈法、头脑风暴法及SWOT分析等方法。

德尔菲法（Delphi），又称专家调查法，第一次使用这种方法是在20世纪50年代的美国兰德公司，由于其具有实用性，在后来的研究中不断地发展成熟，被用于预测和决策。

访谈法，一般是指通过面对面、电话通话及电邮等方式对项目参与者、利益相关者及行业专家等人进行访问，收集有效信息。

头脑风暴法，该方法由美国的创造学家奥斯本提出，属于改善"群体思维"的方法。头脑风暴法包括直接头脑风暴法及质疑头脑风暴法（又称为反头脑风暴法）两种。

SWOT分析，又称态势分析，一般从优势、弱势、机会及威胁四个方面进行分析，从而使风险考虑广度扩大。

（2）情景分析法。情景分析法是指通过详细分析描述项目未来的某种情况，试图确定相关风险因素及其影响程度。情景分析法一般应用于对具有投资时间较长及可变因素较多的项目进行风险识别及预测，通过假定风险关键因素发生，项目未来可能产生的多种结果，以提出适当的防范措施。

（3）核对表法。核对表法是指基于以前类似项目及其他相关行业信息编制政策、环境、经济管理、市场、生产技术等方面的风险识别核对图表。该方法的优点是简单易行且具有针对性，但存在不够详尽的问题，并会受到项目对比相似性的限制。

（4）文件审查法（财务报表分析法）。文件审查法是指从完整和详细两方面对项目计划目标与可行性假设、相关项目文件及其他行业或企业资料进行结构性审查。主要考察企业财务记录、营业报表及资产负债表等。一般主要采用比率分析、趋势分析及因素分析等方法。

（5）WBS工作分解结构分析（Work Breakdown Structure）。WBS工作分解结构分析从宏观上对整个项目周期进行考虑，通过细分各个阶段的主要工作内容及其之间的相互关系，分析各阶段的主要工作及参与人，之后通过项目实际进程与WBS工作计划相对比，帮助确定系统性的风险因素。

企业技术创新项目风险识别的最新发展方向是企业通过收集行业及自身信息数据构建风险知识库，将以往各个项目的历史资料、知识经验收录到知识库中，对企业技术创新项目曾发生过的每一项风险因素进行总结整理，进行新的技术创新项目时可以从风险知识库中列出风险清单，通过以往风险知识库对新的技术创新项目可能发生的风险给出经验性及理论性的识别估计。

2. 技术创新项目风险分析

项目风险分析是技术创新项目风险管理体系的第二个步骤，也是关键步骤，即通过有效手段对项目过程中的不确定性风险因素进行系统全面理论的分析，确定项目的各种风险。风险评估的技术与工具有很多种，优势及适用范围各有不同。风险测评的方法选择取决于执行项目的类型、规模及掌握信息的数量与可靠度。

技术创新项目风险分析是在风险识别的基础上，运用系统综合评价与运筹学中有效的定

第6章 技术创新风险管理

性及定量方法测定技术创新项目风险因素的影响能力（权重）及发生概率，以此估计项目风险发生的次数与时间，全面认识项目风险后果的严重性，为后期风险应对提供判断依据。

对于技术创新项目这种具有高风险性及高收益性特点的项目来说，其风险评估必须紧密结合风险特点及具体项目，不能简单地进行主观选择。在系统全面分析风险因素构建技术创新项目风险评价指标体系基础上，合理运用测评方法，依据合理结论优化项目结构。分析国内外研究成果，技术创新项目风险分析中普遍采用的技术及工具有如下几种。

（1）层次分析法。层次分析法（AHP法）是20世纪80年代由美国匹兹堡大学运筹学家T. L. Satty教授提出的。该方法有效地将人的经验判断与数学处理方法相结合，主要应用于多方案、多准则、多因素的系统综合评价及相关预测分析，属于系统综合评价理论及运筹学理论的范畴。主要特征是通过将复杂问题中的各因素构建为相互连接的层次结构，使整个体系条理化，从而给出完整的处理方案。层次分析法的基本步骤是：首先建立所研究项目的层次递接结构；其次建立两两比较判断矩阵；再次计算权重量并进行一致性检验；最后计算综合权重量。

（2）蒙特卡罗模拟法。蒙特卡罗模拟（Mome Carlo）法，又称统计表试验方法，是一种依据统计理论的技术创新项目风险分析技术。在目前的项目风险分析中，它是一种应用广泛、相对较精确的方法。其基本方法是，在模拟某一过程时，产生所需要的随机变量，然后用统计方法把模型的数字特征估计出来，从而得到项目的风险概率。

（3）模糊综合评价法。模糊综合评价法是指利用模糊数学的相关概念，对实际生活中的模糊现象结合多种因素进行评价的办法。模糊数学的概念最先在1956年由美国加州大学学者扎德基于对模糊集合理论的研究提出。模糊综合评判是指在一个模糊环境下，为达成评价目标，结合各种因素影响，应用模糊集合论方法对该目标涉及的各方面进行分级综合评价。该方法具有简单明了易操作的特性，适用于多因素多层次评价问题的研究，并可以与其他系统评价方法（层次分析法、人工神经网络评价法、数据包络分析法及灰色综合评价法）结合构建模型集成使用，是适用范围很广的评价方法。

（4）经济风险分析法。经济风险分析法将定性与定量方法相结合，通过进行盈亏平衡分析与敏感性分析，综合得出风险因素发生的可能性及给项目带来的经济损失程度。盈亏平衡分析主要用于财务分析，主要指通过计算研究项目达成的盈亏平衡点（BEP）来分析项目成本与收益的平衡关系，以此判断项目对产品数量变化的适应能力和抗风险能力。敏感性分析是指通过分析，预测项目主要因素发生变化时对经济评价指标的影响，从中找出敏感因素，并确定其影响程度。项目对某种因素的敏感程度既可以表示为该因素按一定比例变化时引起评价指标变动的幅度，也可以表示为评价指标达到临界点（如内部收益率等于基准收益率）时允许某个因素变化的最大幅度，即极限变化。简言之，敏感性分析法就是测定各种对项目效益的影响因素的变化，以及对投资项目经济效益的影响程度。

（5）故障树分析法。故障树分析法（FTA），又称决策树分析法，属于演绎类逻辑分析法。在项目风险评价中主要遵循"从结果找原因"的原则，按树枝形状将项目风险形成原因由总体到部分逐级细化，进而分析项目风险及其产生原因之间的因果关系。一般步骤为首先识别和预测各种潜在风险因素，其次沿着风险产生路径进行逻辑推理得出风险产生概率，最后结合结果为项目提出风险因素控制方案。

3. 技术创新项目风险处理

技术创新项目风险处理,即在前期风险识别确定项目过程中存在主要风险因素,在风险评价过程中评估出相应因素影响程度及发生概率的基础上,为降低项目风险发生造成的损失,依据项目主体能力制订应对措施战略及技术手段,以提高技术创新项目成功率的管理过程。

当经过风险识别及评价后,技术创新项目超过了创新主体可接受范围时则需停止、取消或拯救项目;当技术创新项目风险在创新主体可接受水平内时,项目风险应对其采取回避、转移、接受及利用等多种手段。

需要注意的是,应尽量从项目主体容量去认识风险,同时技术创新管理人员进行项目风险处理时所选择的方法并不是绝对单一的,可以针对具体情况采取合理的组合。

4. 技术创新项目风险预控

由于技术创新项目本身具有高风险性,如果不能进行合理的监督控制,将会为企业带来极大的损失,建立科学有效的技术创新项目风险预警预控体系对跟踪已识别风险、监测剩余风险、合理应对风险、减少企业不必要损失、确保创新的顺利进行有着决定性作用。这一风险管理过程有利于创新主体将项目风险管理决策及措施的实际效果与预期水平进行比较,从而评价这些决策措施对于降低风险的有效性;方便监测剩余风险并不断识别新风险,寻找机会完善及细化风险应对计划;有利于获取反馈信息,使将来决策更具有参照性。

值得注意的是,这四个程序并不是单独执行的,一个完整的全面风险管理体系需要科学合理地设计每一个阶段。首先,创新主体在风险识别阶段,全面获取项目内外部环境的相关信息,通过多种方法的应用可以分析得出该项目的风险管理指标体系;其次,在风险分析阶段中通过系统评价、运筹学、统计学中各种定性定量方法的结合可以评价出识别因素的影响度及其发生的概率,用以判断该风险因素所处的风险等级及该项目的风险综合强度;再次,可以依据风险识别所得的风险因素及风险评价所得的风险等级制订风险应对计划,决定项目中止或继续,针对具体的风险因素提供应急措施并划分风险责任范围;最后,通过项目风险预警体系的建立,跟踪监测已识别的风险并进行有效反馈,有利于完善风险应对计划并为将来其他项目提供案例参照。

6.2.2 技术创新项目风险的类型划分

技术创新项目实际上是以科学技术为依托,通过引入新的生产技术或管理技术,加以商品化并使之形成一定产业规模的试验过程。这些技术一般具有较高的开发难度,但是一旦成功,即可给创新主体带来极为可观的经济效益且能极大地提升企业的核心竞争力,这就决定了技术创新项目具有高投入、高风险、高收益和可管理的特性。

风险管理用于降低技术创新过程中时,由于受到风险因素影响而有损失的可能性,因此项目风险管理对于技术创新成功与否起着决定性的作用,这就要求我们对其中的风险类型要有深入全面的认识。技术创新项目的风险是由创新主体所处的内部环境及外部环境中各种类型的风险影响因素共同组成的，这些风险因素相互作用构成了该项目复杂的风险指标体系。

国内外学者对于风险类型的划分有许多的角度，较多使用的主要有两种：一种是从风险来源及其成因角度进行划分；另一种是从技术创新运作的具体阶段环节来进行划分。这里选择第一种进行分析，在综合研究国内外相关文献著作的基础上，通过与相关专业学者及大量科技人员进行讨论，并结合研究案例的实际情况将影响风险因素归纳为市场因素、技术因素、生产因素、财务因素、管理因素等。由此可见，技术创新风险可分为市场风险、技术风险、生产风险、财务风险和管理风险等。我们认为这几种风险是在技术创新项目过程中常见的风险类型，存在于技术创新项目的每个阶段。

1. 市场风险

市场风险是指在技术创新过程中因市场的不确定性带来的风险，体现为技术创新的新产品不适应市场环境或无法被市场有效接受。除受国内经济环境影响外，也受到国际市场变化的影响。在世界经济趋势不明朗的今天，这种不确定性主要表现在以下三个方面。

（1）市场接受能力的不确定性。主要是由于市场本身的变动性造成市场规模、市场分布、市场增长速度、现实需求与潜在需求的不断变换。另外，创新主体前期调研对于市场接受能力的错误判断，也会造成市场接受能力的不确定性。

（2）市场接受时间的不确定性。从创新主体推出新产品到市场接受并完全容纳会有一个消化时间，这个时间不仅取决于市场及消费者的喜好、新产品本身拥有的社会及经济效益，更取决于创新主体在研发产品投入市场时是否进行有效宣传指导，即市场开发的效果。

（3）市场竞争者能力的不确定性。在进行技术创新活动时，除竞争中的企业实力对比、新产品性价比对比、营销渠道经营手段对比及市场占有率对比以外，还有可能出现创新模仿、侵权行为及技术引进等情况，这些都会对创新产品的市场竞争力带来冲击和影响。

2. 技术风险

技术风险是指由于技术创新各阶段中存在的技术不确定性带来的风险。

技术创新具有较高难度，开发项目具有一定前瞻性，需要打破原有思维方式进行技术或管理的革新，内外部各方面因素的影响都大大地提高了创新技术风险的不确定性，主要体现在以下几个方面。

（1）技术成功的不确定性。技术创新行为本身就是危险与机遇共存的，其高收益性必定带来高风险性，创新过程中许多因素都会对技术成功产生影响，例如技术创新方向的选择。技术创新活动一般需要前期大量投入并保持过程中持续投入，一旦本身方向选择错误就会导致技术创新失败并给创新主体带来不可逆的损失。

（2）技术效果的不确定性。即使在技术创新前期进行详尽调查表明技术创新项目是可行的，但在开发探索过程中也可能会受到潜在因素的影响，发现仍有许多具体问题需要解决，甚至创新思路都需要更改，甚至最终开发成功也有可能无法完全达到预期的效果。

（3）技术生命周期的不确定性。科技高速发展的今天，技术更新的周期越来越短，有可能在项目立项初期研究技术水平在同行业处于中上游位置，但随着时间推移，竞争对手也在不断地进行技术与管理的革新，极有可能市场上已经存在同类技术的创新产品或替代品，甚至之后短时间内竞争对手对于新产品的模仿都会造成创新主体投入成本难以收回的后果。

3. 生产风险

生产风险是指在技术创新项目过程中由于生产系统中的原材料、设备、生产工艺及生产组织等方面存在难以预料的障碍导致的风险。生产风险会导致技术创新主体无法按照预定目标实现技术创新成果的产业化。具体表现在以下四个方面。

（1）原材料带来的风险。原材料的充分储备及稳定供应是创新获得成功的重要保证，一旦所需原材料及能源难以获得或价格发生较大变化，都会给创新成果产业化的各方面带来不利影响。

（2）试验设备及生产设备带来的风险。现有的试验设备及检测手段过于落后会导致小试及中试不理想，从而影响对于技术创新结果的判断及投入大量生产的决策。同样，如果企业拥有的生产设备无法满足技术创新成果的生产需求，或者无法获得创新成果推广所必需的专用设备，则会对技术创新的成本预算及效率造成极大影响。

（3）生产工艺带来的风险。如果出现新技术或产品要求对于现有工艺做出较大或难以达到的调整，可能会使最终新技术或产品品质达不到预期经济效益指标要求，造成投入成本难以收回的后果。

（4）生产技术人员素质带来的风险。新技术或新产品的试验及生产会对生产技术人员提出更高要求，如果生产技术人员的专业水平及职业操守无法满足要求，则会影响技术创新的顺利进行。

4. 财务风险

财务风险是指技术创新过程中由于受到财务方面不确定性影响带来的风险。技术创新活动是一项高资金投入的活动，且在投入过程中随着研究的深入需要持续性地投入资金。与其他经济活动不同的是，一旦资金链条中断造成技术创新活动中断，则会使已形成的技术创新成果不断贬值，彻底中止就会造成创新失败无法收回前期投入资金的局面。因此，创新主体需要控制财务风险，降低资金链条在某一环节中断的不确定性。财务风险主要体现在以下三个方面。

（1）企业融资能力带来的风险。企业经济实力雄厚，融资才会具有保障，这要求企业具有偿还账款及收回货款的能力，且不会大幅度受到市场经济波动及股票变化的影响。另外，具有较高的行业信誉也非常重要。

（2）技术创新项目本身的财务风险。技术创新活动本身的高风险性及收益的不确定性，为企业技术创新活动融资带来了极大的难度，较大地阻碍了技术创新活动的持续性。一定要保证项目成本及盈亏平衡时间在企业可接受的范围内。

（3）企业财务结构及项目人员财务能力带来的风险。企业本身财务结构健全才能做到项目款按进度不拖延、不拖欠，保证项目正常进行，同时还需要创新项目人员本身具有一定财务能力，做到合理理财，保证项目组人员在具有较高创新积极性的前提下合理使用项目款。

5. 管理风险

管理风险是指技术创新过程中由于管理不当带来的风险。技术创新活动牵涉企业组织结构、财务管理、科技管理等方面，只有进行科学化有效管理才能充分利用各方面的资源提高技术创新的成功率。首先，在技术创新项目立项初期，需要管理者对项目进行市场调研、收集有效信息、确定技术创新方向及进行方案筛选，通过可行性研究进行成本估计及经济评价，以此为依据确定研发队伍、组织结构及技术方案；其次，技术创新过程中涉及决策问题，要求管理者具有扎实的专业水平、丰富的实践能力、长远的发展眼光及较高的决策水平，充分认识到项目中的潜在风险并能采取正确的决策，否则将会造成创新失败。

当技术创新成果投入市场时，需要管理者具有较强市场认知能力。管理者应能做到充分估计市场容量、建立合适的销售渠道及选择恰当的投放时间及投放量，这些能力的缺失会导致技术创新功亏一篑无法收到预期收益。技术创新一般采取项目组形式进行，这要求项目组领导具有较高管理能力，对内在保证技术创新保质保量进行的同时提高整体技能水平，妥善处理项目组内部人员关系，通过激励提高项目组成员工作积极性，做好绩效评价使技术创新人员获得相应报酬；对外与各高校形成"产学研"联盟，共享高校的师资及实验设备资源，协助解决技术创新遇到的技术壁垒及某些前沿设备不齐备的问题。

6.2.3 技术创新项目风险的阶段划分

1. 技术创新项目风险阶段划分依据

在进行技术创新项目风险管理时采用阶段性风险管理方式，主要是出于以下三方面的考虑。

第一，技术创新项目本身的高难度与复杂性。技术创新项目属于高新技术范畴，本身具有较强专业知识性，其生命周期中的每一阶段都可以单独构成完整的工作体系。如果将整个技术创新项目按照其生命周期特点分阶段进行风险识别、风险评估及风险应对，细分风险因素，则可以更客观全面地了解到整个项目可能产生的风险因素及其后果，有利于风险监控体系的建立，并为调整技术创新项目结构提供依据。

第二，技术创新项目参与人员知识维度有限。技术创新项目进行过程中，由于风险因素的产生，会给研发人员造成创新瓶颈。项目阶段的划分，可以方便项目参与人员做出正确的风险决策，并可以通过风险存档得到之前阶段的风险经验，为以后项目提供参考依据。

第三，方便进行技术创新参与人员的绩效核算。技术创新项目具有一定的失败率，将技术创新项目风险管理进行阶段性划分，方便合理分配每一阶段参与人员的薪酬及奖励，即使项目终止或失败，研发人员仍能获得相应阶段的薪酬及奖励，可以充分调动企业中科技人员参与技术创新的积极性，促进项目高质高效地完成。

2. 技术创新项目风险的具体阶段

国外学者一般将技术创新风险阶段划分为两个：市场阶段（或称商业阶段）与技术阶段。国内学者对于技术创新风险阶段划分有多种观点，一般普遍采用的是武汉理工大学谢科范教授于1999年提出的划分方法，他在《技术创新风险管理》中将技术创新风险阶段划分为四个：决策阶段风险、技术阶段风险、生产阶段风险及市场阶段风险。

根据以上综合分析，按照技术创新项目的普遍进度安排，可将技术创新项目划分为五个阶段，即项目立项阶段风险、项目研究与开发阶段风险、项目现场试验阶段风险、项目评估验收阶段风险、项目产品技术推广阶段风险。技术创新项目风险管理体系构建将以这五个阶段分别进行风险识别、风险评价及风险应对分析，风险监控则建立在整个项目周期上进行，具体如图6-1所示。

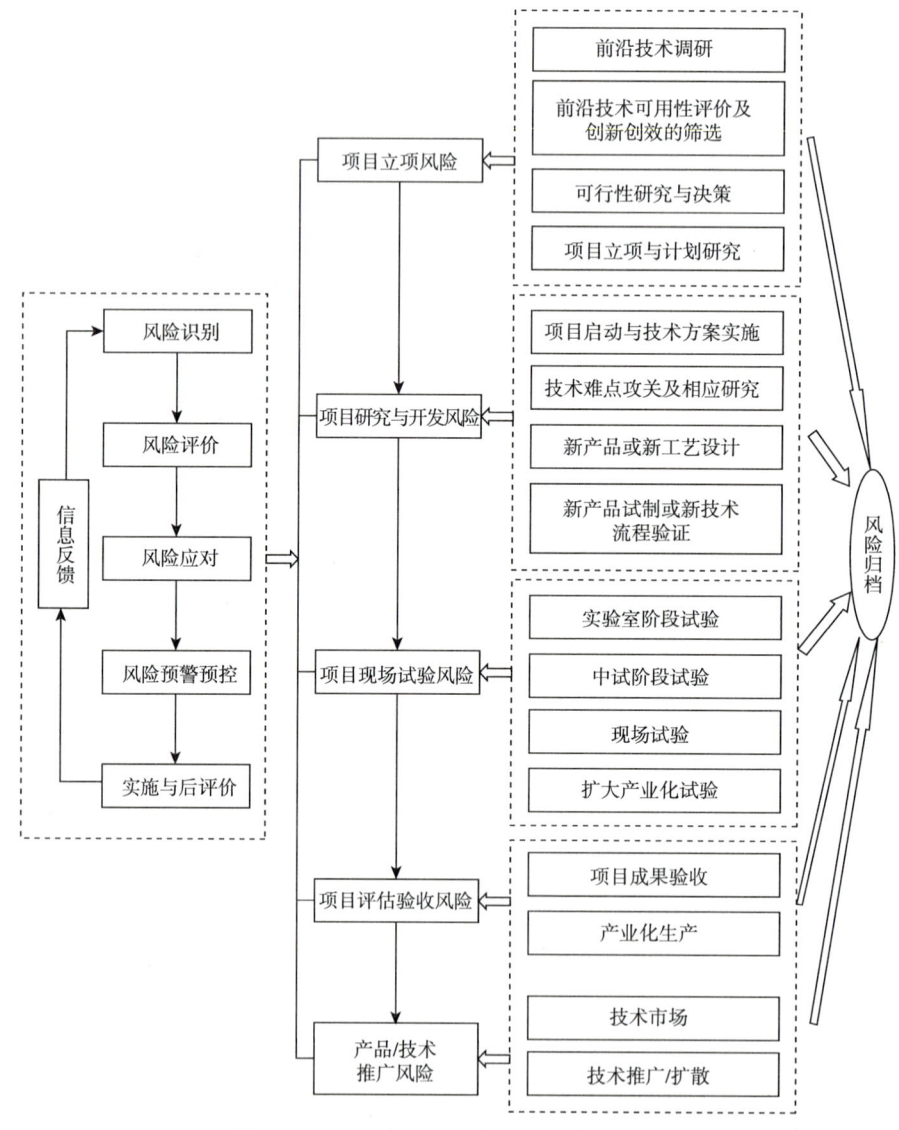

图6-1 技术创新项目阶段性风险管理体系

6.3　技术创新项目风险管理模型构建

6.3.1　技术创新项目风险识别指标体系的构建

1. 技术创新项目风险识别方法的选择

综合技术创新项目进行的五个阶段（项目立项阶段、项目研究与开发阶段、项目现场试验阶段、项目评估验收阶段、项目产品/技术推广阶段）和六种风险类型（市场风险、政策风险、技术风险、生产风险、财务风险、管理风险），并考虑到技术创新项目风险识别是在技术创新风险管理理论框架上进行的，因此在众多识别方法中依据技术创新项目的实际特点选择风险检查表（核对表法）来进行风险识别。风险检查表主要的依据是技术创新风险管理研究中的技术项目核对表及同类项目已有的风险信息，它具有快速易操作的特点，适合资源型企业采用。但是由于风险检查表本身并不能包含所有可能发生的风险，且受限于同类型项目的对比，因此在具体操作时还需结合具体案例参考创新项目研发人员及相关专家的意见。

2. 技术创新项目风险识别的过程

（1）收集资料。进行风险识别的第一步就是收集与本项目有关的所有信息资料，不仅包括项目本身信息，还包括项目所处的内外部环境信息及类似相关项目的可获取信息，以此作为识别基础。所收集信息来自项目所处政治政策背景、所在市场情况、企业技术创新积累与经济实力、项目本身方向技术及方案概况等多个方面，一般可划分为风险源信息及机会源信息两种。风险源信息指那些来自各方面会给技术创新带来风险，阻碍创新过程顺利完成，甚至最终造成创新失败的影响因素；机会源信息指创新主体可利用的有益创新完成及降低风险影响和发生概率的影响因素。

（2）整理所收集的信息，提取有用资源，估计风险形势。通过整理获得的资料，明确本项目的预计目标、行动路线、战略战术、所处环境及实现此目标所拥有的资源及技术能力，由此判断达成目标过程中存在的变数及阻碍。通过认清项目的整体预估情况，可以初步识别出一些显著风险。

（3）采用风险检查表法识别具体的技术创新项目大致风险因素。这里采用的风险检查表是以清华大学吴贵生教授在《技术创新管理》中提出的技术项目评价检核表（表6-2）与武汉理工大学谢科范教授在《技术创新风险管理》中提出的技术创新风险58因素体系（表6-3）作为共同依据。具体的技术创新项目在研发过程中可以初步参照这两张核对表得出项目存在的风险。

表 6-2　技术项目评价检核表

类别	具体内容
企业目标、战略、政策	①与企业现行战略和长期计划是否一致 ②项目潜力是否达到值得改变现行的战略 ③与企业形象是否一致 ④与企业对风险的态度是否一致 ⑤与企业对创新的态度是否一致 ⑥是否满足企业对时间（进度）的要求
市场	①是否满足清楚定义的市场需要 ②预计的市场总体大小 ③预计的市场份额 ④预计的产品寿命 ⑤商业成功的可能性 ⑥销售估计（在 2~5 条的基础上） ⑦销售期（时间跨度）与销售计划 ⑧对现有产品的影响 ⑨定价和顾客可接受性 ⑩竞争地位 ⑪与现有销售渠道兼容性 ⑫预计的市场开发成本 ⑬受竞争者攻击的难易程度 ⑭与现有支撑体系（基础设施）的相容性
研究开发	①与企业 R&D 战略是否一致 ②项目潜力是否足以改变 R&D ③技术成功的可能性 ④开发成本与时间 ⑤（获得）专利地位 ⑥R&D 资源可得性 ⑦产品将来可能的发展及所产生的新战略技术的未来应用前景 ⑧对其他项目的影响 ⑨与全部运行体系的兼容性 ⑩软件可得性
财务	①R&D 成本：资金和税 ②生产性投资 ③营销投资 ④按进度获得资金的可得性 ⑤对其他需要资金项目的影响 ⑥最大负现金流和盈亏平衡时间 ⑦潜在的年效益和获益时间（长度） ⑧期望利润 ⑨是否符合企业投资准则

续表

类别	具体内容
生产	①所需新工艺 ②生产人员（数量、技能）可得性 ③与现有生产能力兼容性 ④原材料可得性及成本 ⑤生产成本 ⑥所需的附加设施 ⑦生产安全性 ⑧产品生产的附加价值
环境与生态	①产品和生产过程可能产生的危害 ②公众的敏感性（污染等） ③现行和预计的法律 ④对就业的影响 ⑤废物回收（循环利用）潜力

表6-3 技术创新风险58因素体系

类别	具体内容
环境因素（属于外部环境的风险因素）	①宏观经济形势变动 ②消费者需求变动 ③潜在的市场容量偏小 ④竞争对手的数量过多 ⑤竞争对手的实力过强 ⑥竞争者的不正当竞争行为 ⑦消费者对竞争对手产品的依赖性 ⑧用户对新产品的要求 ⑨新产品所属行业不景气 ⑩主管部门或相关部门的制约 ⑪信贷资金来源困难 ⑫原材料及零部件的供应困难 ⑬地方或部门保护主义 ⑭知识产权保护不力 ⑮进口产品冲击
项目因素（源于技术创新项目本身的因素）	①技术不成熟 ②技术不先进 ③技术难度与复杂性 ④项目的资金需要量大 ⑤中间试验的难度与复杂性 ⑥新产品对原材料或零部件的技术性能要求 ⑦新产品对企业现有产品的替代与影响 ⑧新产品与企业现有产品相关性差

续表

类别	具体内容
项目因素（源于技术创新项目本身的因素）	⑨生产新产品对现有设备与工艺的调整 ⑩引进技术或引进设备、工艺中的困难 ⑪新产品的生产成本过高 ⑫新产品实现系列化、多规格的可能性低 ⑬新产品的质量与性能差 ⑭新产品难以利用企业现有市场渠道 ⑮新产品促销困难 ⑯用户对新产品不了解 ⑰新产品的价格过高 ⑱新产品的寿命周期过短
企业能力因素	①企业生产规模偏小 ②企业资金实力弱 ③企业现有设备技术水平差 ④企业科技人员实力不强 ⑤企业技术积累不足 ⑥企业技术装备、实验与中试条件差 ⑦企业技术协作关系不畅 ⑧企业广告及促销能力差 ⑨企业信誉与知名度不高 ⑩企业管理能力低
项目管理因素	①对市场、技术信息的了解不足 ②民主决策与科学决策水平低 ③项目可行性论证与计划不科学 ④消费者需求及目标市场不明 ⑤对竞争对手情况及国外厂家情况了解不足 ⑥项目组织管理不力 ⑦项目进度控制不力 ⑧项目负责人的水平与能力低 ⑨项目组的总体实力与能力低 ⑩技术开发人员待遇低 ⑪项目开发资金供应不及时 ⑫对不利因素防范不力 ⑬广告与促销不力 ⑭定价不合理 ⑮市场实验与试销不足

（4）收集专家意见。整理表 6-3 中已经识别出的风险因素发放到科技人员、创新项目研发人员及高校相关专家手中进行进一步的识别，通过汇聚三方专家的意见对已初步形成的风险因素体系进行删除及补充。此步骤应反复讨论进行，最终得到多方认可的综合风险因素体系。

（5）将识别出的风险因素进行分类归档。风险管理人员应当将已识别出的风险因素进行分类归档作为后期管理的基本依据。同时也应该将初步分析中可以帮助降低风险的资源要素进行整理归档，帮助创新主体在今后研发过程中遇到相关问题时能够充分利用这些资源。

3. 风险因素与项目阶段性的融合流程

技术创新项目的风险是由技术创新过程中所处的内外部环境、创新主体自身的能力及项目阶段性的变化三方面互相作用形成的。因此在进行风险识别的时候不能单独从风险类型及风险阶段性两方面进行考虑，可依据赵晶媛在《技术创新管理》中提出的技术创新风险分析三维模型（图6-2），建立一个以环境、知识及过程形成的三维空间模型进行风险识别。首先通过过程维确定技术创新项目所处的具体阶段；其次就此阶段引入环境维来判断可能存在的风险及风险所属类型；最后通过引入知识维明确具体存在的风险因素，甚至可以找到相关的解决方案及措施为下一阶段的创新行为提供发展路径。创新主体不能只是关心某个维度的风险影响，如果不能妥善处理三个维度的风险因素，将会大大降低技术创新的成功率。

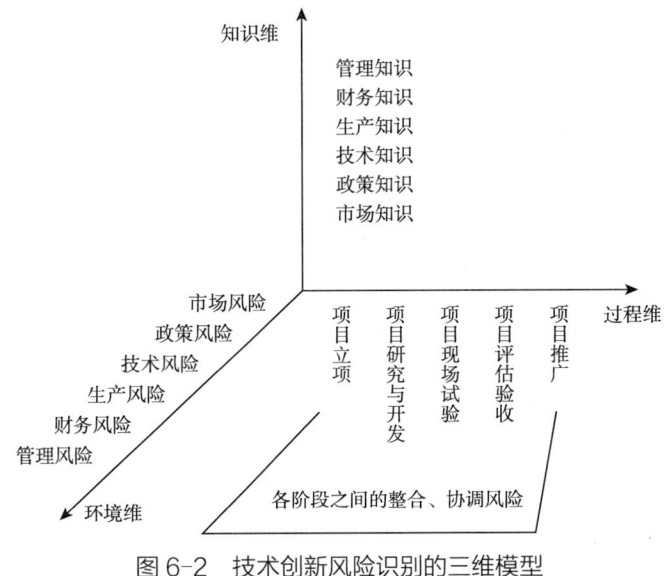

图 6-2 技术创新风险识别的三维模型

（1）过程维。该维度以时间为依据。依据技术创新的一般情况分为依次推进的五个阶段，随着技术创新活动的顺利进行，存在的不确定性降低，风险也将越来越小。

（2）环境维。对于不同的技术创新项目来说，研发过程中所面临的风险类型及水平是不完全相同的，需要具体情况具体分析。

（3）知识维。这一维度主要的依据是环境维的初步分类，通过对该维度的分析可以明确技术创新中所需要的知识及手段，创新主体存在某一类型的知识缺失均有可能带来风险导致损失。

通过技术创新风险识别三维模型的引入，可得出技术创新项目风险类型及风险阶段的整合效果，见表6-4。表中 C_{ij} 表示所在 i 阶段产生的 j 风险类型，例如，C_{23} 表示在研究开发阶段遇到的技术风险。

表 6-4　技术创新项目中的风险因素

风险因素 创新阶段	市场风险	政策风险	技术风险	生产风险	财务风险	管理风险
项目立项	C_{11}	C_{12}	C_{13}	C_{14}	C_{15}	C_{16}
研究与开发	C_{21}	C_{22}	C_{23}	C_{24}	C_{25}	C_{26}
现场试验	C_{31}	C_{32}	C_{33}	C_{34}	C_{35}	C_{36}
验收投产	C_{41}	C_{42}	C_{43}	C_{44}	C_{45}	C_{46}
技术推广	C_{51}	C_{52}	C_{53}	C_{54}	C_{55}	C_{56}

6.3.2　技术创新项目风险评估模型的构建

1. 技术创新项目风险分析方法的选择

技术创新风险具有复杂动态性，研发过程中，除了立项初期识别的风险因素外，还会出现许多潜在的风险因素，且研发过程的不同阶段识别的风险因素对项目风险产生着不同的影响，并不能在初期一锤定音。因此在技术创新风险识别三维模型的基础上，风险评价也要分阶段进行，即逐个评价各阶段的风险因素并在评价基础上采取相应的应对预控措施，形成项目风险的分阶段决策机制。

这里选择层次分析法与模糊综合评价法相结合的模糊层次分析法进行技术创新项目风险分析。层次分析法（AHD）是指定性与定量相结合的多目标决策分析办法，通过将人的主观判断与数学计算相结合，科学有效地分析目标准则体系层次间的非序列关系，帮助决策者进行判断和比较。通过应用层次分析法得出风险指标权重，依据有关文献风险等级划分办法得到重点监视风险因素。模糊综合分析可以解决人们对客观事物认识中出现的思维、判断及推理的非量化和不精准现象，属于解决"认知不确定性问题"的基本模型，通过层次分析得到风险因素权重大小，再以此为基础结合模糊综合评价法对项目阶段性风险进行综合评判。

2. 技术创新项目风险因素重要性的确定

在使用 AHP 模型分析技术创新项目风险重要性时，应遵循以下三个步骤。

（1）分析问题，构造层次分析结构。问题经过分析可按高层次到低层次依次分解为目标层、准则层及指标层三个层次，从而构建一个多阶层次关系。第一层为目标层，为技术创新项目总风险。第二层为准则层，以具体项目某一阶段的第一层六种风险类型为评价准则。第三层为指标层，代表该项目针对相应层次识别的第二层具体风险指标。通过层次的构建，该问题可归结为确定该项目具体风险因素相对于首层总目标的综合相对重要性系数，即先后顺序排列问题。建立的层次分析结构如图 6-3 所示。

第二级评判　　　　第一级评判

```
目标层 ←---- 准则层 ←---- 指标层
```

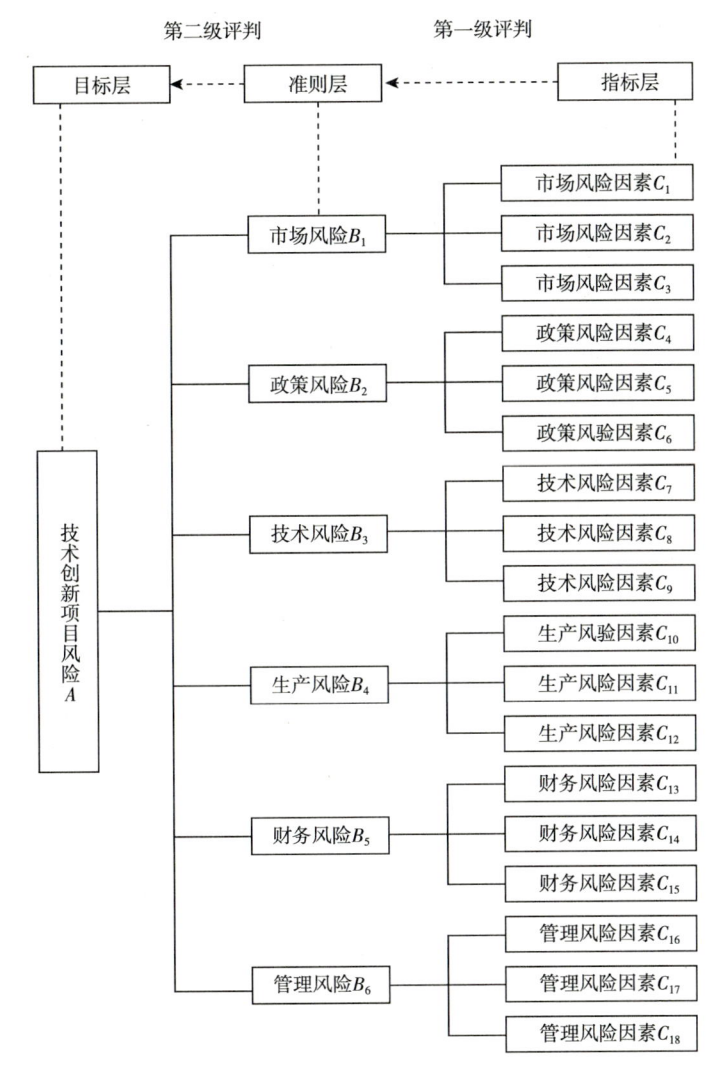

图 6-3　技术创新项目层次分析结构

（2）分析每一层次因素相对于上一层次某因素的单排序情况。

①构造判断矩阵。判断矩阵即同一体系内各因素通过判断比较形成的矩阵。使用判断矩阵的判断依据为 1~9 及其倒数的标度方法（T. L. Satty）进行两两比较。数据通过专家打分法获得，将设计好的纸质或电子咨询表发放到评价者（技术人员及相关专家）手中，通过评价者专业的知识及丰富的经验获得的因素两两比较结果。评价指标相对重要性关系见表 6-5。

表 6-5　判断矩阵赋值表

a_{ij} 值	相对重要性
$a_{ij}=1$	元素 i 与元素 j 对上一层因素的重要性相同
$a_{ij}=3$	元素 i 比元素 j 略重要
$a_{ij}=5$	元素 i 比元素 j 重要

续表

a_{ij}值	相对重要性
$a_{ij}=7$	元素i比元素j重要得多
$a_{ij}=9$	元素i比元素j极其重要
$a_{ij}=2,4,6,8$	元素i比元素j的重要性介于$a_{ij}=2_n-1$和$a_{ij}=2_n+1$之间
判断矩阵特点	$a_{ij}>0, a_{ij}=1, a_{ij}=\frac{1}{a_{ij}}$

②判断矩阵的一致性检验及层次单排序。层次单排序为根据判断矩阵确定某一具体因素相对于上一层次中特定因素的相对重要性（权重大小），单排序问题实际就是计算判断矩阵相应特征向量，即最大特征根。对于判断矩阵A，计算满足$AW=\lambda_{max}$的最大特征根λ_{max}及其相应的特征向量，所得的W经归一化后就是权重向量。

判断矩阵是专家思考判断得出的，虽然判断思维的一致性不会出现矛盾结果，但是仍需要对判断矩阵进行一致性检验，只有判断矩阵具有完全一致性才能确定该矩阵逻辑的有效性。一致性检验公式如下：

$$一致性指标 CI = \frac{\lambda_{max} - n}{n-1} \qquad (6.1)$$

通过判断矩阵平均随机一致性指标RI衡量不同阶判断矩阵是否满足一致性。1~14阶判断矩阵的RI值见表6-6。

表6-6　平均随机一致性指标

阶数	1	2	3	4	5	6	7
RI	0	0	0.52	0.89	1.12	1.26	1.36
阶数	8	9	10	11	12	13	14
RI	1.41	1.46	1.49	1.52	1.54	1.56	1.58

$$随机一致性比率 CR = \frac{CI}{RI} \qquad (6.2)$$

当满足$CR<0.10$时才能认为该判断矩阵通过一致性检验，否则应重新进行两两比较调整判断矩阵直到通过为止。

③计算层次总排序系数。自上而下从高层次到低层次依次计算指标层因素相对于目标层的优劣排序系数，即综合重要度，之后即可对指标层进行风险影响度排序。

同样进行总层次一致性检验，如果B层次某些因素对于A_j单排序的一致性指标为CI_j，相应平均随机一致性指标为RI_j，则B层次总排序随机一致性比率CR为：

$$CR = \frac{\sum_{j=1}^{m} a_j CI_j}{\sum_{j=1}^{m} a_j RI_j} \quad (6.3)$$

满足 $CR<0.10$ 时才能认为该层次总排序通过一致性检验，否则重新进行两两比较调整判断矩阵直到通过为止。

（3）分析判断。通过层次分析法可计算出技术创新项目具体的风险因素对项目整体风险的影响程度。为进行更直观的观察，将总层次排序值进行等级划分，具体划分方式见表6-7。

表 6-7　技术创新项目风险等级划分

等级	影响性	划分依据
Ⅰ	严重风险	0.2<权重<1
Ⅱ	一般风险	0.03<权重≤0.2
Ⅲ	轻微风险	0<权重≤0.03

技术创新项目风险重要性值为 W_t，将其划分级别：①当 $W_t \in (0.2, 1)$ 时，属于严重风险Ⅰ级；②当 $W_t \in (0.03, 0.2]$ 时，属于一般风险Ⅱ级；③当 $W_t \in (0, 0.03]$ 时，属于轻微风险Ⅲ级。若风险因素属于严重风险Ⅰ级进入风险警戒范围，需要创新主体立即组织专家及技术人员对该风险因素进行重点风险趋势预测，采取相应的紧急应对措施并进行重点防控。从节约创新成本角度考虑，对于风险影响性一般及较小的风险因素进行一般应对处理即可。

3. 技术创新项目风险总体综合评判

技术创新项目风险可分为三个层次，涉及指标因素均具有一定的模糊性。根据模糊理论可构成一个二级判断三级层次的模糊综合评价模型，第一级判断为指标层相对于准则层的判断，第二级判断为准则层相对于目标层的判断。该模型具体评价步骤如下。

（1）确定因素论域。技术创新项目风险因素集分为准则层的六个因素，可以表示为 $B=\{B_1,B_2,B_3,B_4,B_5,B_6\}$，经过指标层的具体细分，每一准则层因素中可以包含若干个指标，可表示为 $B_i=\{B_{i1},B_{i2},\cdots,B_{ij}\}$（其中 $i=1,2,\cdots,6$；$j=1,2,\cdots,t$；t 变动）。

（2）第一级判断。

①确定评语集。评语集为等级集合 $V=\{V_1,V_2,\cdots,V_p\}$（p 取 [3，7] 间的奇数），现选择 p 值为5，等级集合定义为 $V=\{$很高，高，中，低，很低$\}$，且依次分别赋值为 9，7，5，3，1。

②确定权重指标集 $W=\{W_1,W_2,\cdots,W_n\}$。n 对应的是指标层具体指标个数，权重由层次分析法及专家打分法获得。

③进行单因素评价，基于等级集合将指标层中评价指标进行模糊映射确定模糊评价矩阵：

$$R = \begin{bmatrix} R \mid u_1 \\ R \mid u_2 \\ \vdots \\ R \mid u_n \end{bmatrix} = \begin{bmatrix} r_{11} & r_{12} & \cdots & r_{1p} \\ r_{21} & r_{22} & \cdots & r_{1p} \\ \vdots & \vdots & \cdots & \vdots \\ r_{n1} & r_{n2} & \cdots & r_{np} \end{bmatrix}_{n \cdot p} \quad (6.4)$$

其中，$r_{ij}=d_{ijk}/d$，d 表示参加本项目评估专家及技术人员的总人数，d_{ijk} 表示准则层 B 第 i 个子因素集中第 ij 项选择评语集中第 k 种等级 V_k 的人数。

④进行模糊综合评价。模糊综合评价向量由权重指标集 W 与模糊评价矩阵合成得到。如式（6.5）所示：

$$B = WR = (w_1, w_2, \cdots, w_n) \begin{bmatrix} r_{11} & r_{12} & \cdots & r_{1p} \\ r_{21} & r_{22} & \cdots & r_{1p} \\ \vdots & \vdots & \cdots & \vdots \\ r_{n1} & r_{n2} & \cdots & r_{np} \end{bmatrix} = (b_1, b_2, \cdots, b_n) \quad (6.5)$$

其中 b_i 表示被评价事物从整体情况上看对 V_j 等级模糊子集的隶属程度，之后对结果进行归一化处理。

（3）第二级判断。重复上一次步骤，将 B_j 作为单因素，结合层次分析法中得出的准则层权重进行模糊评价得出整体综合结果。

（4）结果分析。我们选定最大隶属度原则作为评判依据。因基于阶段性讨论技术创新项目风险，所以风险评价时应对每一阶段分别进行评价。首先根据层次分析法可得到该阶段识别出的风险因素的重要性（权重）；其次进行风险等级划分可得到该阶段需要应对及防控的因素；最后通过模糊综合评价基于之前计算的指标因素权重得出项目该阶段风险整体综合情况，如果该结果不理想则创新主体应当考虑中止项目或采取紧急措施。该评价模型结合了层次分析与模糊数学方法，具有一定科学性。

6.3.3 技术创新项目风险应对

技术创新项目风险应对，即在进行风险识别及风险评价的基础上做出决策判断及应对措施用于控制项目风险，达到降低风险因素发生概率及降低损失程度的根本目的。风险应对主要考虑三个方面：①创新主体预设的目标；②创新主体风险承担的程度；③识别出的指标体系、评价指标的重要性及发生概率。一般项目均是在这三个方面做出项目中止或项目挽救的应对措施、战略及手段。

技术创新项目风险管理经过阶段性风险评价可以进行决策判断，一般分为两种情况：①阶段性风险整体综合强度超出创新主体可接受范围，主体无法承担风险因素影响造成的结果，这个时候创新主体一般选择中止或取消技术创新项目；②阶段性风险整体强度在创新主体评价范围内，此时创新主体一般采取风险应对办法。

依据风险管理理论，技术创新项目风险应对办法总的来说一般包括风险回避（避免）、风险转移（分摊）、风险缓解（减轻）及风险接受（自留）。具体内容见表6-8。

表6-8 技术创新项目风险应对内容

风险应对依据	风险应对办法	风险应对结果
技术创新项目计划及目标 技术创新项目风险识别指标体系 技术创新项目风险评价结论 技术创新项目风险应对资源及机会 技术创新项目已有的风险应对规划 创新主体承担风险的能力	风险回避 风险转移 风险缓解 风险接受	风险注册 应对残余风险 应对产生风险 应对产生合同协议 对项目计划的更改 对创新下一阶段的影响

1. 技术创新项目的风险回避（避免）

风险回避是指创新主体由于创新风险过大会导致创新失败给主体带来重大损失而选择放弃创新项目或改变创新项目方向、技术或方案的一种应对措施。风险回避（避免）是风险应对措施中最消极的一种措施，是中断风险源的办法。一般选择风险回避进行应对风险的情况如下：①创新主体能确定风险发生概率大及影响严重，会给创新主体带来不可承担的损失；②技术创新项目无法通过其他应对手段（分摊、减轻及自留）解决。在划分的技术创新项目六种风险（政策风险、市场风险、技术风险、生产风险、财务风险及管理风险）类型中，一般外部客观影响因素，即政策及市场因素应尽量选择回避。风险回避办法并不能避免所有风险，例如自然界中的很多不可抗力因素。同时，回避风险有可能会产生新的风险，例如，尝试降低技术创新项目成本风险则可能会带来后期的质量风险。

技术创新项目采取风险回避（避免）的应对方式会带来一些问题，主要体现在以下两点：①为回避风险做出改变或放弃技术创新效益的同时也失去了获得创新利益的机会；②遏制了创新主体今后进行创新的积极性，降低了创新主体的主观能动性。风险应对选择回避（避免）时需要注意的是，选择风险回避（避免）应对方式一般在项目立项之前，可以将技术创新项目风险损失控制在较小范围，同时即使有些项目风险能够选择回避措施也需要先考虑其经济评价，如果该项目获得的经济效益高于该项目避免风险需要的成本时，可考虑施行该项目。

2. 技术创新项目的风险转移（分摊）

风险转移（分摊）是指创新主体将技术创新项目整体或部分风险通过合同或协议转交给另一个承担主体的方式。风险转移（分摊）本质上并不是降低项目的风险影响或概率，而是通过付出一定成本将项目风险转移给第三方。风险转移（分摊）适合在风险因素影响度高但是发生概率小的情况下选用。

风险转移一般有多种常见的方式，可划分为两种类型：①财务分摊，该类型主要方法为购买保险，一般通过银行、保险公司及其他金融机构对项目进行评估后在其可接受范围内进行担保，一旦风险发生，这些承担主体将在合同规定范围内给予赔偿；②其他方式分摊，主要包括技术转让、联合开发、合同协议、条款规定等方式。

风险转移（分摊）需要遵循以下原则：①创新主体选择风险转移（分摊）方式降低风险需

要付出相应成本,即分摊者必须获得相应利益;②成本的付出使得创新主体选择的分摊者必须具有一定的管理能力。一般选择财务分摊应对财务风险,应用其他分摊方式转移技术风险及生产风险。

3. 技术创新项目的风险缓解(减轻)

风险减轻是指创新主体在可接受的范围内通过运用自有资源降低风险强度或风险概率的应对措施,是四种风险应对方式中最积极的措施。采用风险缓解(减轻)的一般办法是在成本可接受范围内,对于已识别或可识别的风险尽量控制以降低项目的整体风险,对于不可估计的风险先尽量将其转为可识别风险,之后再进行控制。

减轻风险根据时间维度一般可以分为损失前控制及损失后控制。损失前控制指的是创新主体通过识别及评价风险后事先做好防范,减少或消除风险因素,从风险因素的产生出发,最终降低风险发生的概率及创新的失败率,主要针对风险概率控制;损失后控制是风险发生以后,创新主体运用自有资源降低风险对项目的影响,阻止损失扩大,主要针对风险损失严重程度的控制。采用损失前控制还是损失后控制需要针对具体情况具体分析,但一个成功的风险缓解(减轻)方案需要兼顾到损失前及损失后两方面的风险控制,同时降低损失程度及发生概率。风险缓解(减轻)施行的原则是进行该活动的成本绝对不能高于不采取措施时风险发展给项目带来的损失。

4. 技术创新项目的风险接受(自留)

风险接受(自留)是指创新主体接受风险发生带来的损失,是较为简便的处理方式。风险接受一般用于残余风险及不可预测风险的处理,应用原则是风险带来的损失在创新主体的接受范围之内,且该损失低于采取其他措施所需成本。

对于创新主体来说,风险接受(自留)包括两种情况:①主动接受,该情况指创新主体预先针对具体风险因素制订了接受(自留)计划,风险发生及带来的损失在估计范围之内,创新主体自主承担转化为技术创新项目的成本,一旦该风险发生,创新主体即可运用相应的战略手段进行处理;②被动接受,指的是创新主体未指定任何措施,风险发生后,经过判断确定采用风险接受(自留)方式进行应对。

6.3.4　技术创新项目风险预控

技术创新项目风险预警预控分为宏观及微观两个层面。宏观层面采用三维式防范体系,微观层面企业针对具体案例构建阶段性风险管理系统。技术创新风险三维防范系统基本思想以政府防护、社会分摊及主体防护作为三个维度构建防范体系,其模型如图6-4所示。

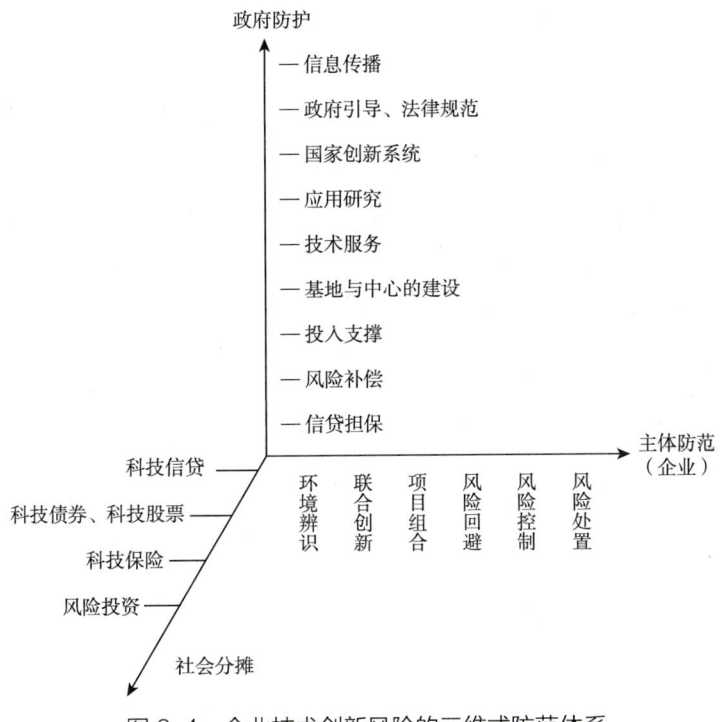

图 6-4　企业技术创新风险的三维式防范体系

思考与实践

1. 举例说出 10 个你知道的因为技术创新成功的产品。

2. 谈一谈你觉得企业应如何做好技术创新风险的预警工作。

3. 请选择一家你感兴趣的企业，关注该企业遇到的哪些问题导致了技术创新风险，产生了什么影响，是如何解决或规避的，将你关注的问题记录下来。

序号	遇到什么问题	产生什么影响	如何解决或规避

参考文献

［1］ 杨志江，罗掌华. 试析自主创新的内涵和特点［J］. 韶关学院学报，2008（8）：66-69.

［2］ 万君康. 论技术引进与自主创新的关联与差异［J］. 武汉理工大学学报（信息与管理工程版），2000（4）：43-46.

［3］ 刘凤朝，潘雄锋，施定国. 基于集对分析法的区域自主创新能力评价研究［J］. 中国软科学，2005（11）：83-91，106.

［4］ 张明星，孙跃，朱敏. 模仿引进、自主创新的技术战略模型选择［J］. 财经科学，2006（8）：52-59.

［5］ 宋河发，穆荣平，任中保. 自主创新及创新自主性测度研究［J］. 中国软科学，2006（6）：60-66.

［6］ 杨志江，罗掌华. 试析自主创新的内涵和特点［J］. 韶关学院学报，2008（8）：66-69.

［7］ 胡祖六，李山. 中国经济持续增长的源泉与极限［J］. 改革，1997（4）：72-77.

［8］ 周士跃. 科技创新与经济发展融合问题研究综述［J］. 中共乐山市委党校学报，2018（3）：72-75.

［9］ 邓草心. 高校促进经济发展的创新系统路径［J］. 中国高校科技，2012（12）：16-19.

［10］金烨，李爽. 高职英语教育服务区域经济发展对策创新研究：以秦皇岛为例［J］. 现代营销（信息版），2020（7）：130-131.

［11］李玉英. 知识经济时代的技术创新与人才战略［J］. 天水行政学院学报（哲学社会科学版），2006（2）：98-100.

［12］赵亚鹏. 地方高校应用型创新人才培养定位与对策研究［J］. 宁波经济（三江论坛），2021（8）：46-48.

［13］黄金国. 地方高校创新人才培养面临的问题与对策［J］. 科技创新导报，2020（12）：179-180.

［14］陈汗青，陈聪，韩少华. 小米创新设计路径的启示［J］. 南京艺术学院学报（美术与设计），2016（5）：165-168.

［15］宋洋. 苹果公司创新发展启示录［J］. 企业研究，2018（12）：40-43.

［16］库恩. 必要的张力：科学的传统和变革论文选［M］. 福州：福建人民出版社，1987.

［17］吉尔福德. 创造性才能：它们的性质、用途与培养［M］. 北京：人民教育出版社，1991.

［18］陈颖健，比野省三. 跨世纪的思维方式：打破现状思维的七项原则［M］. 北京：科学技术文献出版社，1998.

［19］金吾伦. 知识创新的机制和创造性思维的实质［J］. 文哲史，1999（4）：9-11.

［20］张晓芒. 创新思维方法概论［M］. 北京：中央编译出版社，2008.

［21］凡禹．创造性思维36计［M］．北京：企业管理出版社，2008．

［22］王亚东，赵亮，于海勇，等．创造性思维与创新方法［M］．北京：清华大学出版社，2018．

［23］卢尚工，梁成刚，高丽霞．创新方法与创新思维［M］．北京：化学工业出版社，2018．

［24］杨洁．企业创新论［M］．北京：经济管理出版社，1999．

［25］陈凤杰．中小企业创新［M］．大连：东北财经大学出版社，2002．

［26］司春林．企业创新空间与技术管理［M］．北京：清华大学出版社，2005．

［27］吴晓．企业创新：理论、方法与实践［M］．广州：华南理工大学出版社，2013．

［28］吴晓松．国家创新体系与企业创新研究［M］．北京：社会科学文献出版社，2013．

［29］阿德纳．广角镜战略：企业创新的生态与风险［M］．南京：译林出版社，2014．

［30］谢德荪．转型期的中国企业创新之道：源创新［M］．北京：五洲传播出版社，2012．

［31］陈岩，张斌．基于所有权视角的企业创新理论框架与体系［J］．经济学动态．2013（9）：50-59．

［32］张振刚，陈志明．创新管理：企业创新路线图［M］．北京：机械工业出版社，2013．

［33］周任重．纵向结构与企业创新激励：基于全球价值链的视角［M］．北京：经济科学出版社，2013．

［34］肖广岭，杨淳．企业创新发展研究：创新型企业模式案例［M］．北京：清华大学出版社，2015．

［35］中国企业联合会．两化融合促进企业创新趋势与实践［M］．北京：清华大学出版社，2016．

［36］中国企业家论坛．破局：新常态下的企业创新之道［M］．北京：知识产权出版社，2016．

［37］俞立平．大数据下高技术企业创新路径研究［M］．北京：经济科学出版社，2016．

［38］黄珊珊，邵颖红．高管创新意识、企业创新投入与创新绩效：基于我国创业板上市公司的实证研究［J］．华东经济管理，2017（2）：151-157．

［39］苏斯兰德．开放式管理平台：互联网时代传统企业创新转型的管理模式［M］．2版．北京：台海出版社，2016．

［40］李寿生．企业创新方法论［M］．北京：机械工业出版社，2016．

［41］韩春生，周涛．企业创新方法与工具［M］．北京：知识产权出版社，2016．

［42］郭东海．我国生产性服务业企业创新管理研究［D］．天津：天津大学，2011．

［43］孟宣宇．国内外中小企业创新管理模式比较研究［D］．长春：吉林大学，2010．

［44］耿锋．现代企业创新管理系统研究［D］．天津：河北工业大学，2002．

［45］李玉峰．H技术有限公司企业创新管理研究［D］．上海：上海外国语大学，2016．

［46］魏军．基于CAS的企业创新管理系统研究［D］．杭州：浙江工商大学杭州商学院，2003．

［47］李贺．基于知识管理的企业组织创新研究［D］．长春：吉林大学，2006．

［48］王永．转型时期我国国有企业管理创新特征与动力机制研究［M］．合肥：中国科学技术大学出版社，2014．

［49］何丰．制度变迁中的企业创新研究［M］．上海：上海大学出版社，2004．

［50］王彬．企业创新系统研究［D］．成都：四川大学，2004．

[51] 吕飞. 面向全员创新的创新型文化构成要素研究[D]. 杭州：浙江大学，2003.

[52] 王海威. 全面创新管理框架下的企业全员创新能力研究[D]. 杭州：浙江大学，2006.

[53] 谢章澍. TIM视角下企业全员创新机理与管理模式研究[D]. 杭州：浙江大学，2006.

[54] 司俊芳. 基于全员创新的创意管理研究[D]. 北京：北京邮电大学，2012.

[55] 李礼. 基于DEA的企业全员创新绩效评价研究[D]. 昆明：昆明理工大学，2013.

[56] 陈锋. 组织文化提升创新能力研究：以全员创新为中介变量[D]. 杭州：浙江大学，2010.

[57] 尚如忠. A公司全面创新实践研究[D]. 成都：电子科技大学，2011.

[58] 李霞. 基于知识视角的服务企业员工创新行为研究[D]. 上海：东华大学，2011.

[59] 陈锋. 组织文化提升创新能力研究[D]. 杭州：浙江大学，2011.

[60] 马梅娜. 探析全员参与创新的人力资源管理[J]. 才智，2016（1）：249.

[61] 何学文. "五型企业"全员绩效考核体系的创新与实施[J]. 中小企业管理与科技（下旬刊），2012（9）：20-21.

[62] 卢裕敏. 激发全员技术创新活力实现企业员工和谐双赢[J]. 安徽科技，2014（7）：38-39.

[63] 赵松波，王文文. 积极组织全员创新大力推动企业发展[J]. 科技创新与品牌，2015（1）：46-47.

[64] 朱春博. 健全全员改善机制搭建员工创新平台[J]. 企业改革与管理，2017（2）：78，111.

[65] 首钢矿业公司协力公司党委. 因势利导 凝心聚力 激发全员创新发展活力[J]. 企业改革与管理，2014（7）：35-37.

[66] 聂校辉. 关于开展全员创新创效活动的思考与实践[J]. 活力，2012（12）：54-54.

[67] 胡承波. 企业员工创新与企业技术创新的思考[J]. 企业研究，2010（14）：134-136.

[68] 林琳，沈书生. 设计思维的概念内涵与培养策略[J]. 现代远程教育研究，2016（6）：18-25.

[69] 李彦，刘红围，李梦蝶，等. 设计思维研究综述[J]. 机械工程学报，2017，53（15）：1-20.

[70] 李瑞星，周苏. 大学生创新思维与创新方法[M]. 北京：中国铁道出版社，2018.

[71] 张志胜. 创新思维的培养与实践[M]. 2版. 南京：东南大学出版社，2018.

[72] 蒋祖星. 创新思维导论[M]. 北京：机械工业出版社，2017.

[73] 杜彬，谢建平. 大学生创新创业基础[M]. 北京：中国农业大学出版社，2018.

[74] 王仁法. 创新创造的思维工具：类比逻辑[M]. 广州：暨南大学出版社，2017.

[75] 沃格尔. 创新思维法：打破思维定势，生成有效创意[M]. 北京：电子工业出版社，2016.

[76] 帕特里克. 创造性思维十一讲[M]. 北京：新世界出版社，2016.

[77] 杨哲，张润昊. 创新思维与能力开发[M]. 南京：南京大学出版社，2016.

[78] 王贵荣，孙林辉，张传伟. 创新创业基础：理论方法与实践应用[M]. 北京：国家行政学院出版社，2019.